Das Weihnachts-nähbuch

Autorinnen:

Rabea Rauer und Yvonne Reidelbach/www.kinkibox.de

Fotos und Illustrationen:

André Köhl: alle Modellfotos
Jochen Arndt: S. 28

Was bedeutet …

… ein „Rest"? Als Rest gelten alle Stoffstücke, die kleiner oder gleich 10 cm x 10 cm sind.

… der Schwierigkeitsgrad? Zu jedem Modell ist ein Schwierigkeitsgrad angegeben, dargestellt durch kleine Eiskristalle. Ein Eiskristall bedeutet „einfach", diese Modelle sind relativ schnell umzusetzen, auch für Nähanfänger. Die Modelle, die mit zwei Eiskristallen gekennzeichnet sind, haben einen mittleren Schwierigkeitsgrad. An die Modelle mit drei Eiskristallen sollten Sie sich nur mit etwas Übung und Geduld wagen, sie sind etwas aufwendiger.

… der Vergrößerungsfaktor? Fast alle Schnittmuster in diesem Buch sind verkleinert abgebildet. Bitte vergrößern Sie alle Schnittmuster auf den jeweils angegebenen Prozentwert.

… dieser Pfeil → auf den Schnittmusterseiten? Dieser Pfeil zeigt auf jedem Schnittmusterteil die Strichrichtung bzw. den Fadenlauf des Stoffes an.

Extra-Service: Alle Schnittmuster auch zum Download

Alle in diesem Buch enthaltenen Schnittmuster haben wir für Sie auf unserer Webseite zum Download als PDF-Dateien bereitgestellt. So können Sie sich die Vorlagen im Format DIN A4 ausdrucken. Das Zusammenfügen mehrseitiger Schnittmuster ist nicht schwierig: Eine Anleitung hierzu finden Sie auf der Webseite. Für den Download der Schnittmuster sind ein PC mit Drucker, ein Internetzugang sowie der Adobe® Acrobat® Reader erforderlich.

Hier geht es zu den Schnittmustern:

www.komet-verlag.de/weihnachtsnaehen

Das Weihnachts-nähbuch

Geschenke & Deko
für Advent und Weihnachten

Inhaltsverzeichnis

WEIHNACHTSZEIT IST NÄHZEIT!

Draußen wird es kalt und wir machen es uns mit Keksen, Kerzen und Tee in den eigenen vier Wänden gemütlich. Da bekommt man Lust, kreativ zu werden: In Vorfreude auf die besinnliche Advents- und Weihnachtszeit schmücken wir das Zuhause und nähen ganz besondere Geschenke für die Liebsten und natürlich stimmungsvolle Dekorationen.

In den Fenstern wird es mit einer farbenfrohen Dekokette, Eichel-Anhängern und einem leuchtenden Winterdörfchen schön heimelig. Freuen Sie sich jede Woche ein bisschen mehr auf das Christkind, wenn Sie am Sonntag eine weitere Stoffkerze auf den Kranz im Patchwork-Stil knöpfen. Nutzen Sie die Adventszeit, um ganz besonderen Baumschmuck, liebevolle Geschenkanhänger und festliche Christbaumkugeln zu nähen, die Ihre Familie am Weihnachtstag zum Staunen bringen.

Alle Modelle sind mit Schwierigkeitsgraden in Form von Schneekristallen gekennzeichnet. Ein Kristall bedeutet „einfach", diese Projekte sind auch für Nähanfänger mit wenig Erfahrung gut umzusetzen. Zwei Kristalle kennzeichnen einen mittleren Schwierigkeitsgrad. Die Modelle, die mit drei Kristallen gekennzeichnet sind, sind für Nähprofis. Hier benötigen Sie neben Näherfahrung auch ein bisschen Geduld und Zeit.

Ob mit unterschiedlichsten Stoffen im wilden Mustermix genäht oder farblich an die bestehende Weihnachtsdeko und das Interieur Ihrer Wohnung angepasst, die Modelle in diesem Buch sind echte Schmuckstücke und stimmen Sie garantiert auf die schönste Zeit des Jahres ein.

Wir wünschen Ihnen viel Spaß beim Nähen, Dekorieren und Schenken!

Ihre

Rabea Rauer & Yvonne Reidelbach

Adventskranz

SCHWIERIGKEITSGRAD: ❄❄❄ **GRÖSSE:** Ø 35 cm

Material

Schnittmuster Seite 55/56

- *Baumwollstoff mit Rentiermuster, 60 cm breit, 25 cm lang*
- *Baumwollstoff in Hellgrün gepunktet, 50 cm breit, 25 cm lang*
- *Baumwollstoff in Grün mit Herzmuster, 50 cm breit, 25 cm lang*
- *Baumwollstoff in Dunkelgrün gepunktet, 40 cm breit, 40 cm lang*
- *Baumwollstoff in Rot mit Sternenmuster, 90 cm breit, 15 cm lang*
- *Baumwollstoff in Rot gepunktet, 90 cm breit, 15 cm lang*
- *Bügeleinlage mittelstark, 90 cm breit, 120 cm lang*
- *Filzrest in Gelb, 10 cm breit, 6 cm lang*
- *4 Druckknöpfe in Silber, ø 3 cm*
- *6 kleine Schleifen in Rot- und Grüntönen*
- *Füllwatte*
- *farblich passendes Garn*

SO WIRD'S GEMACHT

Alle Stoffe vorab auf der linken Stoffseite mit Bügeleinlage verstärken.

ZUSCHNEIDEN:

aus Stoff mit Rentiermuster: 1 x Kranz groß, 1 x Kranz mittel, 2 x Kranz klein, inkl. 1 cm Nahtzugabe;

aus hellgrünem Stoff mit Punkten: 1 x Kranz groß, 1 x Kranz mittel, 1 x Kranz klein, inkl. 1 cm Nahtzugabe;

aus dunkelgrünem Stoff mit Punkten: 1 x Kranz Unterseite (Achtung: 2 Bruchkanten!), inkl. 1 cm Nahtzugabe;

aus grünem Stoff mit Herzen: 2 x Kranz mittel, 1 x Kranz klein, inkl. 1 cm Nahtzugabe;

aus rotem Stoff mit Sternen: 1 x Kerze 22 cm breit, 8 cm lang, 1 x Kerze 22 cm breit, 10 cm lang, 4 x Kerze Boden/Deckel, inkl. 1 cm Nahtzugabe;

aus rotem Stoff mit Punkten: 1 x Kerze 22 cm breit, 6 cm lang, 1 x Kerze 22 cm breit, 12 cm lang, 4 x Kerze Boden/Deckel, inkl. 1 cm Nahtzugabe;

aus Filz: 4 x Flamme

1. Die kurzen Kanten der Kerzen rechts auf rechts legen und jeweils von oben und unten ein Stück zusammennähen. Mittig jeweils eine kleine Wendeöffnung lassen.

2. Die Kerzendeckel mittig mit einem winzigen Schnitt versehen, das untere Ende einer Flamme durchfädeln und auf der linken Stoffseite mit einigen Handstichen fixieren. Die Kerzenböden und -deckel jeweils unten und oben rund in die Kerzen einnähen. Die Stoffe liegen dabei rechts auf rechts. Anschließend die Kerzen durch die Wendeöffnungen wenden, mit reichlich Füllwatte ausstopfen und die Öffnung mit einigen Handstichen schließen. An die Unterseite der Kerzen mittig je einen Druckknopf nähen.

3. Die Teile für den Adventskranz in der gewünschten Reihenfolge Stück für Stück rechts auf rechts aneinandernähen, sodass ein Ring entsteht. Die Nahtzugaben auseinanderbügeln.

4. Die Unterseite des Kranzes rechts auf rechts auf die Oberseite legen und die innere Naht ringsum schließen. Anschließend die Nahtzugabe im Abstand von wenigen Zentimetern bis zur Naht einschneiden und den Kranz wenden, sodass die rechten Stoffseiten außen liegen. Nun Stück für Stück die Außenkante des Kranzes verstürzen. Dafür immer wieder zwischen beide Stofflagen greifen und die Nahtzugaben rechts auf rechts aufeinandernähen. Den Adventskranz durch das letzte offene Stück mit reichlich Füllwatte ausstopfen und die Öffnung mit einigen Handstichen schließen. Die Gegenstücke der Druckknöpfe in gleichmäßigen Abständen auf den Adventskranz nähen. Die Stoffschleifen mit ein paar Handstichen fixieren.

Adventskalender

SCHWIERIGKEITSGRAD: ❄❄

GRÖSSE: 45 cm x 33 cm
(Kästchen 7,5 cm x 7,5 cm x 5 cm)

Material

Schnittmuster Seite 56

- *8 Filzplatten, 3 mm dick, 30 cm breit, 45 cm lang in folgenden Farben: 1 x Königsblau, 1 x Mittelblau, 2 x Hellblau, 1 x Grau, 2 x Pink und 1 x Wollweiß*
- *48 Plastikdruckknöpfe in Blau, ø 1 cm, Druckknopfzange*
- *Gummiband in Blau, 7 mm breit, 200 cm lang*
- *farblich passendes Garn*
- *24 nummerierte Buttons in Pink-Weiß gemustert, ø 2,5 cm*
- *11 Holz-Schneeflocken in Weiß, 5 x ø 2 cm, 6 x ø 3,5 cm*
- *Textilkleber*

SO WIRD'S GEMACHT

Aus jeder Filzplatte müssen drei Kästchen ausgeschnitten werden. Dazu muss das Schnittmuster so verschoben werden, dass die Schnittteile jeweils versetzt eng aneinanderliegen. Die Nahtzugabe für alle Filzkästchen beträgt 5 mm.

ZUSCHNEIDEN:

aus königsblauem Filz: 3 x Kästchen;
aus mittelblauem Filz: 3 x Kästchen;
aus hellblauem Filz: 6 x Kästchen;
aus grauem Filz: 3 x Kästchen;
aus pinkfarbenem Filz: 6 x Kästchen;
aus wollweißem Filz: 3 x Kästchen

1. Je 8 cm des Gummibands abschneiden, mittig zusammenlegen und die Enden entsprechend der Markierung innen an das Kästchen-Schnittteil steppen. Die Unterteile der Druckknöpfe (mit Loch) jeweils an die Punkt-Markierung nieten, die Oberteile (mit Zapfen) an die Kreis-Markierung. Loch und Zapfen müssen dabei auf der Außenseite des Kästchens liegen.

2. Jedes Kästchen nacheinander an allen vier Seiten übereck links auf links zusammenlegen und die Seitennähte knappkantig schließen. Die Buttons auf die Deckel der Kästchen stecken und die Gummibänder darüberziehen. Den Kalender nach Wunsch zusammenknöpfen. Die Schneeflocken nach Wunsch auf die Kästchen kleben.

Baumschmuck

SCHWIERIGKEITSGRAD: ❄❄

GRÖSSE: ca. 12 cm x 12 cm pro Anhänger

Material

Schnittmuster Seite 57–59

- *Baumwollstoff in Pink gemustert, 35 cm breit, 15 cm lang (Stoff 1 für Wichtel und Kugel oben)*
- *Baumwollstoff in Braun gemustert, 20 cm breit, 15 cm lang (Stoff 2 für Lebkuchenmann)*
- *Baumwollstoff in Blau gemustert, 30 cm breit, 15 cm lang (Stoff 3 für Elch)*
- *Baumwollstoff in Violett gemustert, 30 cm breit, 15 cm lang (Stoff 4 für Schaukelpferd)*
- *Baumwollstoff in Bunt gemustert, 25 cm breit, 10 cm lang (Stoff 5 für Kugel unten)*
- *5 Baumwollstoffe in unterschiedlichen Farben und Mustern, je 25 cm breit, 8 cm lang (Stoffe 6 – 10 für Kleinteile)*

Fortsetzung Material S. 14

SO WIRD'S GEMACHT

Die Baumwollstoffe vorab auf der linken Seite mit Bügeleinlage verstärken. Auf die linken Seiten der Stoffe 2 – 4 zusätzlich Volumenvlies bügeln. Auf die linken Seiten der Stoffe 6 – 9 zusätzlich das beidseitig haftende Bügelvlies bügeln, dabei nicht das Schutzpapier lösen.

ZUSCHNEIDEN:

aus Stoff 1: 2 x Wichtel, 2 x Kugel oben, inkl. 5 mm Nahtzugabe;

aus Stoff 2: 2 x Lebkuchenmann;

aus Stoff 3: 2 x Elch (davon 1 x seitenverkehrt);

aus Stoff 4: 2 x Schaukelpferd (davon 1 x seitenverkehrt);

aus Stoff 5: 2 x Kugel unten, inkl. 5 mm Nahtzugabe;

aus Stoff 6: 2 x Krempe Wichtel;

aus Stoff 7: 2 x Hand Lebkuchenmann (davon 1 x seitenverkehrt); 2 x Fuß Lebkuchenmann (davon 1 x seitenverkehrt);

aus Stoff 8: 2 x Elchgeweih (davon 1 x seitenverkehrt);

aus Stoff 9: 2 x Kufen Schaukelpferd;

aus Stoff 10: 2 x Kugel Mitte, inkl. 5 mm Nahtzugabe;

aus Filz: 1 x Wichtelgesicht

1. Die Krempen für die Wichtelmütze, die Elchgeweihe, Hände und Füße des Lebkuchenmanns und die Kufen für das Schaukelpferd auf die entsprechenden Positionen auf die rechten Stoffseiten der Motive legen, die Schutzfolie des Bügelvlieses entfernen und alle Teile vorsichtig aufbügeln.

2. Die beiden Schnittteile für Schaukelpferd, Lebkuchenmann und Elch jeweils links auf links aufeinanderstecken. Je 20 cm des Samtbands bzw. des doppelt gelegten Stickgarns zwischen die beiden Stofflagen legen, dann knappkantig ringsherum nähen.

3. Das Wichtelgesicht auf dem Wichtel platzieren und mit engem Zickzackstich ringsum aufnähen. Die drei Teile der beiden Kugelseiten jeweils rechts auf rechts aneinandernähen.

Fortsetzung Anleitung S. 14

4. Die Schnittteile für Wichtel und Kugel je rechts auf rechts ringsherum zusammennähen, dabei eine kleine Wendeöffnung lassen. An der Mützenspitze des Wichtels 20 cm des doppelt gelegten Stickgarns mitfassen. Die Nahtzugaben ringsum einschneiden, die Teile wenden und mit Watte füllen. Die Öffnungen mit Handstichen schließen.

5. Je ein Stück der Zackenborte um die Kugel entlang der beiden Quernähte sowie um Hände und Füße des Lebkuchenmanns legen und mit Handstichen fixieren. In die Kugelfassung ein Stück des Stickgarns als Aufhänger einfädeln und verknoten. Kugelfassung, Holzperlen, Glöckchen und Schleifen mit Handstichen annähen. Augen, Nasen und Münder aufsticken.

- *Bügeleinlage mittelstark, 90 cm breit, 50 cm lang*
- *Volumenvlies zum Aufbügeln, ca. 7 mm dick, 90 cm breit, 15 cm lang*
- *Bügelvlies beidseitig haftend, 75 cm breit, 20 cm lang*
- *Filzrest in Weiß, 10 cm breit, 5 cm lang*
- *Zackenborte in Pink, 5 mm breit, 50 cm lang*
- *Samtband in Flieder, 7 mm breit, 40 cm lang*
- *3 farblich passende Schleifen*
- *3 Holzperlen in Violett, Ø ca. 3 mm*
- *2 Glöckchen in Gold, Ø ca. 7 mm*
- *Kugelfassung in Gold mit Löchern zum Annähen*
- *Füllwatte*
- *Stickgarn in Pink, Rosa und Schwarz*
- *farblich passendes Garn*

Winterliche Dekokette

SCHWIERIGKEITSGRAD: ❄❄ **GRÖSSE:** ca. 15 cm pro Anhänger

Material

Schnittmuster Seite 60/61

- *Baumwollstoff in Dunkelrot mit Weihnachtsmotiven, 50 cm breit, 20 cm lang*
- *Baumwollstoff in Hellrot gemustert, 50 cm breit, 20 cm lang*
- *Baumwollstoff in Weiß gepunktet, 25 cm breit, 20 cm lang*
- *Baumwollstoff in Weiß mit Sternenmuster, 25 cm breit, 20 cm lang*
- *Baumwollstoff in Weiß mit Weihnachtsmotiven, 15 cm breit, 10 cm lang*
- *Baumwollstoff in Grün gepunktet, 40 cm breit, 15 cm lang*
- *Baumwollstoff in Hellblau gemustert, 25 cm breit, 20 cm lang*

Fortsetzung Material S. 16

SO WIRD'S GEMACHT

Die Baumwollstoffe vorab auf der linken Seite mit Bügeleinlage verstärken.

ZUSCHNEIDEN:

aus dunkelrotem Stoff: 2 x Stern groß; 2 x Mütze Schneemann (davon 1 x seitenverkehrt);

aus hellrot gemustertem Stoff: 2 x Mütze, inkl. 7 mm Nahtzugabe; 3 x Kreis als Knopf für Schneemann; 2 x Stern klein;

aus weißem Stoff mit Punkten: 6 x Schneeflocke, 1 x Mützenkrempe 22 cm breit, 8 cm lang, inkl. 7 mm Nahtzugabe;

aus weißem Stoff mit Sternenmuster:
2 x Schneemann (davon 1 x seitenverkehrt);
1 x mittlerer Stern Schneeflocke;

aus weißem Stoff mit Weihnachtsmotiven:
2 x Päckchen 7 cm breit, 7 cm lang;

aus grünem Stoff mit Punkten: 2 x Stern mittel; 2 x Schal 40 cm breit, 1,5 cm lang; 2 x Mützenkrempe Schneemann (davon 1 x seitenverkehrt);

aus hellblau gemustertem Stoff: 6 x Schneeflocke, inkl. 7 mm Nahtzugabe;

aus Filz in Braun: 1 x Schlitten;

aus Filz in Orange: 1 x Nase Schneemann

1. Für die Aufhängeschlaufen das breite Satinband in fünf gleich lange Stücke schneiden und jeweils mittig zusammenlegen.

Stern: Auf die rechte Stoffseite der großen Sterne je den mittleren und den kleinen Stern legen und jeweils mit geradem Stich ringsum aufnähen. Die zwei großen Sterne links auf links legen, eine Satinschlaufe an einer der Spitzen zwischen die Stofflagen legen und ringsum zusammensteppen. Dabei eine kleine Öffnung lassen, den Stern mit etwas Füllwatte füllen, dann die übrige Naht schließen.

Fortsetzung Anleitung S. 16

- *Bügeleinlage mittelstark, 90 cm breit, 40 cm lang*
- *Satinband in Grün, 1,5 cm breit, 50 cm lang*
- *Satinband in Grün, 7 mm breit, 200 cm lang*
- *Filz in Braun, 3 mm dick, 20 cm breit, 15 cm lang*
- *Filzrest in Orange, 6 cm x 6 cm*
- *Pompon in Wollweiß, ø ca. 5 cm*
- *Stickgarn in Schwarz*
- *farblich passendes Garn*
- *Füllwatte*
- *Textilkleber*

2. Schlitten: Die Päckchen-Schnittteile links auf links legen, eine Schlaufe zwischen die Stofflagen legen und ringsum zusammennähen. Dabei eine kleine Öffnung lassen, das Päckchen mit etwas Füllwatte füllen, dann die übrige Naht schließen. 60 cm des schmalen Satinbands abschneiden, um das Päckchen schnüren und eine Schleife binden. Das Päckchen mit Handstichen auf den Schlitten nähen.

3. Schneeflocke: Je sechs Schneeflockenteile farblich abwechselnd an den schrägen Kanten rechts auf rechts zusammennähen. Die Nahtzugabe auseinanderbügeln. Den kleinen Stern mittig auf die Schneeflocke kleben. Die beiden Schneeflocken links auf links aufeinanderlegen, eine Schlaufe an einer Zacke zwischen die Stofflagen schieben und ringsum zusammennähen. Dabei eine Öffnung lassen, die Schneeflocke mit Füllwatte füllen, die übrige Naht schließen.

4. Schneemann: Die Schnittteile für die Mütze des Schneemanns und die Krempe jeweils auf die rechte Seite der Schneemann-Schnittteile legen und ringsum aufnähen. Die Knöpfe vorn auf den Schneemann kleben. Den Schneemann links auf links aufeinanderlegen, eine Schlaufe oben zwischen die Stofflagen schieben und ringsum zusammennähen. Dabei eine Öffnung lassen, den Schneemann mit Füllwatte füllen, die übrige Naht schließen. Die Augen mit Stickgarn aufsticken. Die Schalteile links auf links ringsum aufeinandernähen und dem Schneemann umbinden. Die Nase mit Handstichen an den seitlichen Kanten zusammennähen und annähen.

5. Mütze: Die Mützenteile rechts auf rechts legen und entsprechend der Markierung eine Schlaufe zwischen die Stofflagen legen. Die gebogenen Seiten zusammennähen und die Mütze wenden. Die Mützenkrempe rechts auf rechts an den kurzen Seiten zu einem Ring zusammennähen. Die offenen Kanten des Rings links auf links aufeinanderlegen, ringsum über die Unterkante der Mütze schieben und durch alle Lagen rundum festnähen. Die Mützenkrempe nach außen schlagen und den Pompon mit Handstichen annähen.

6. Alle Anhänger auf das schmale Satinband fädeln und evtl. einzeln anknoten, sodass sie nicht verrutschen.

Niedlicher Engel

SCHWIERIGKEITSGRAD: ❄

GRÖSSE: 16 cm x 12 cm

Material

Schnittmuster Seite 61

- *Baumwollstoff in Weiß mit Weihnachtsmotiven 20 cm breit, 20 cm lang*
- *Baumwollstoff in Grün mit Sternenmuster, 20 cm breit, 20 cm lang*
- *Volumenvlies, ca. 7 mm dick, 30 cm breit, 20 cm lang*
- *Filz in Weiß, 3 mm dick, 30 cm breit, 10 cm lang*
- *Filzrest in Hautfarbe, 3 mm dick, 5 cm breit, 5 cm lang*
- *Filzrest in Braun, 3 mm dick, 10 cm breit, 5 cm lang*
- *Satinband in Rot mit Punkten, 1 cm breit, 15 cm lang*
- *Perlmuttknopf in Sternform, ø 1,5 cm*
- *Stickgarn in Braun*
- *Buntstift in Rot für die Wangen*
- *farblich passendes Garn*

SO WIRD'S GEMACHT

ZUSCHNEIDEN:

aus weißem Stoff: 1 x Mantel, inkl. 5 mm Nahtzugabe;

aus grünem Stoff: 1 x Mantel, inkl. 5 mm Nahtzugabe;

aus Volumenvlies: 1 x Mantel, inkl. 5 mm Nahtzugabe; 1 x Flügel; 1 x Kopf;

aus Filz in Weiß: 2 x Flügel;

aus Filz in Hautfarbe: 1 x Kopf;

aus Filz in Braun: 1 x Kopf; 1 x Haare

1. Die Mantelteile rechts auf rechts legen, das Volumenvlies auf die linke Stoffseite des oben liegenden Mantelteils legen. Ringsum zusammennähen, dabei eine Wendeöffnung lassen. Den Mantel wenden, die Kante vorsichtig glattbügeln und die Öffnung mit einigen Handstichen schließen.

2. Den Mantel an den Faltlinien umlegen, zunächst an der Querlinie nach hinten, dann an den beiden seitlichen Linien nach vorn. Die beiden vorderen Mantelkanten mit Handstichen entsprechend den Markierungen mit dem Knopf zusammennähen.

3. Die Flügelteile knappkantig ringsum aufeinandernähen, dabei liegt das Volumenvlies zwischen den Stofflagen. Die Haare knappkantig auf das vordere Kopfteil nähen. Das Satinband zu einer Schlaufe legen und oben zwischen die Kopfteile schieben. Das Volumenvlies liegt zwischen den Lagen, den Mantel von unten zwischen die Lagen stecken, dann den Kopf knappkantig ringsum zusammennähen.

4. Die Flügel mit einigen Handstichen am Mantel fixieren. Die Augen mit Stickgarn aufsticken. Mit rotem Buntstift die Wangen aufmalen.

Tipp

Das Volumenvlies für den Kopf rundum etwas kleiner zuschneiden, damit es nicht zwischen den Kopfteilen hervorblitzt.

Flaschenhusse „Weihnachtsmann“

SCHWIERIGKEITSGRAD: ❄

GRÖSSE: Höhe mit Mütze 50 cm,
Ø ca. 15 cm

Material

Schnittmuster Seite 62

- *Wollfilz in Rot, 50 cm breit, 60 cm lang*
- *Filz in Weiß, 3 mm dick, 60 cm breit, 20 cm lang*
- *Filz in Hautfarbe, 3 mm dick, 20 cm breit, 10 cm lang*
- *Filzrest in Schwarz, 3 mm dick, 5 cm breit, 3 cm lang*
- *Pomponborte in Weiß, 7 mm breit, 50 cm lang*
- *Pompon in Weiß und Rot, je ø 1 cm*
- *farblich passendes Garn*

SO WIRD'S GEMACHT

ZUSCHNEIDEN:

aus Wollfilz in Rot: 1 x Weihnachtsmann im Bruch, inkl. 7 mm Nahtzugabe;

aus Filz in Weiß: 1 x Krempe im Bruch; 1 x Bart im Bruch;

aus Filz in Hautfarbe: 1 x Gesicht im Bruch;

aus Filz in Schwarz: 2 x Auge

1. Die Augen mit engem Zickzackstich entsprechend der Markierungen auf das Gesicht nähen. Gesicht, Bart und Krempe auf den Weihnachtsmann stecken und ebenso mit Zickzackstich aufnähen. Den Bart dabei nur bis zu den Markierungen aufnähen, die seitlichen Spitzen stehen ab. Die Garnfarben jeweils anpassen.

2. Die Pomponborte entlang der unteren Kante aufnähen. Den Weihnachtsmann rechts auf rechts entlang der geraden Kanten zusammennähen und wenden. Den roten Pompon als Nase, den weißen an der Mützenspitze mit einigen Handstichen fixieren.

Tipp

Wer keinen roten Wollfilz hat oder mag, kann den Weihnachtsmann auch aus einem festen Baumwollstoff mit Weihnachtsmotiven zuschneiden und den Stoff eventuell auf der linken Seite mit einer Bügeleinlage verstärken. Bart, Gesicht, Augen und Mützenkrempe werden aus Filz zugeschnitten und wie beschrieben verarbeitet.

Nikolausstiefel

SCHWIERIGKEITSGRAD: ❄❄ **GRÖSSE:** 26 cm x 34 cm

Material

Schnittmuster Seite 64/65

- *Baumwollstoff in Creme-Grau mit Weihnachtsmotiven, 60 cm breit, 50 cm lang*
- *Baumwollstoff in Grau mit Sternenmuster, 60 cm breit, 15 cm lang*
- *Teddyplüsch in Wollweiß, 60 cm breit, 40 cm lang*
- *Samtband in Grau, 1 cm breit, 22 cm lang*
- *Quaste in Silber, 5 cm lang*
- *Rocailles in Anthrazit*
- *Strasssteine zum Aufkleben in unterschiedlichen Größen*
- *farblich passendes Garn*
- *Textilkleber*

SO WIRD'S GEMACHT

ZUSCHNEIDEN:

aus cremefarbenem Baumwollstoff: 2 x Stiefel (davon 1 x seitenverkehrt), inkl. 1 cm Nahtzugabe;

aus grauem Baumwollstoff: 2 x Krempe (davon 1 x seitenverkehrt), 2 x Stiefelspitze (davon 1 x seitenverkehrt), inkl. 1 cm Nahtzugabe;

aus Plüsch: 2 x Stiefel innen (davon 1 x seitenverkehrt), inkl. 1 cm Nahtzugabe

1. Je eine Stiefelspitze rechts auf rechts an ein Stiefelteil nähen. Je eine Krempe rechts auf rechts an ein Plüschstiefelteil nähen. Alle Nahtzugaben auseinanderbügeln. Das Samtband mittig zu einer Schlaufe zusammenlegen, die Schlaufe und die Quaste entsprechend den Markierungen vorfixieren.

2. Die Stiefelteile rechts auf rechts ringsum zusammennähen, nur die obere Kante bleibt offen. Ebenso den Innenstiefel aus Plüsch zusammennähen, dabei eine Wendeöffnung an der hinteren Stiefelseite lassen.

3. Den Innen- und den Außenstiefel entlang der oberen Kante ringsum rechts auf rechts zusammennähen. Dann den Stiefel durch die Wendeöffnung wenden, die Öffnung mit einigen Handstichen schließen und den Innenstiefel in den Außenstiefel schieben. Die Krempe bügeln, dabei den Plüsch etwas aus dem Stiefel herausschauen lassen.

4. Den Stiefel und die Krempe nach Belieben mit Strasssteinen und Rocailles verzieren.

Tipp

In farbenfroh kombinierten Stoffen mit kindlichen Weihnachtsmotiven und mit reichlich Süßigkeiten befüllt ist der Nikolausstiefel sicher auch bei den lieben Kleinen ein echtes Highlight.

Weihnachtsbäumchen

SCHWIERIGKEITSGRAD: ❄

GRÖSSE: ca. 24 cm hoch,
Höhe ohne Stamm ca. 23 cm

Material

Schnittmuster Seite 66/67

- *Paillettenstoff in Pink, 85 cm breit, 30 cm lang*
- *Baumwollstoff in Pink gepunktet, 40 cm breit, 15 cm lang*
- *Baumwollstoff in Pink mit Blumenmuster, 40 cm breit, 20 cm lang*
- *Bügeleinlage mittelstark, 90 cm breit, 50 cm lang*
- *Satinband in Fuchsia, 1 cm breit, 25 cm lang*
- *Rüschenborte in Pink, 1,5 cm breit, 40 cm lang*
- *Pomponborte in Pink, 1 cm breit, 35 cm lang*
- *Filzrest in Pink, 10 cm breit, 10 cm lang*
- *farblich passendes Garn*
- *Ast, ø ca. 2 cm, 42 cm lang,*
- *Blumentopf aus Metall, ø ca. 12 cm*
- *Deko-Kristalle in Eisblau*

SO WIRD'S GEMACHT

ZUSCHNEIDEN:

aus Paillettenstoff: 1 x Weihnachtsbaum oben, 1 x Weihnachtsbaum unten, 1 x Weihnachtsbaum Futter im Bruch, inkl. 1 cm Nahtzugabe;

aus gepunktetem Stoff: 1 x Weihnachtsbaum Mitte oben, inkl. 1 cm Nahtzugabe;

aus Stoff mit Blumenmuster: 1 x Weihnachtsbaum Mitte unten, inkl. 1 cm Nahtzugabe;

aus Bügeleinlage: 1 x Weihnachtsbaum oben, 1 x Weihnachtsbaum unten, 1 x Weihnachtsbaum Mitte oben, 1 x Weihnachtsbaum Mitte unten, inkl. 1 cm Nahtzugabe;

aus Filz: 1 x Stern

1. Die Weihnachtsbaum-Schnittteile auf der linken Stoffseite mit Bügeleinlage verstärken. Die Teile der Reihe nach rechts auf rechts entlang der langen Kanten zusammennähen und die Nahtzugaben auseinanderbügeln. Die Borten und Bänder über die Nähte stecken und aufnähen.

2. Die seitlichen Kanten des Baums rechts auf rechts zusammennähen. Ebenso das Baumfutter zusammennähen, dabei mittig eine Wendeöffnung lassen. Die Nahtzugaben auseinanderbügeln. Das Futter rechts auf rechts über den Baum schieben und entlang der unteren gebogenen Kante zusammennähen. Den Baum durch die Öffnung wenden und diese mit einigen Handstichen schließen. Den Stern mit Handstichen auf die Spitze nähen.

3. Den Blumentopf mit Deko-Kristallen füllen, den Ast mittig in den Topf stecken und das Bäumchen darauf platzieren, evtl. mit etwas Klebstoff in der Baumspitze fixieren.

Tipp

Das Bäumchen ist eine tolle Idee für alle, die sich nicht jedes Jahr einen echten Nadelbaum zulegen möchten und trotzdem nicht auf weihnachtliche Stimmung verzichten wollen. Wer es nicht ganz so knallig-bunt mag, kann das Bäumchen auch in klassischen Grüntönen mit Highlights in Gold und Rot umsetzen.

Elchtrophäe

SCHWIERIGKEITSGRAD: ❄❄❄ **GRÖSSE:** 25 cm x 55 cm

Material

Schnittmuster Seite 68/69

- *Baumwollstoff in Grüntönen mit Eiskristallmuster, 100 cm breit, 30 cm lang*
- *Baumwollstoff in Grüntönen mit Ornamenten, 45 cm breit, 35 cm lang*
- *Baumwollstoff in Grüntönen mit Sternenmuster, 60 cm breit, 15 cm lang*
- *Baumwollstoff in Bordeaux mit Sternenmuster, 60 cm breit, 40 cm lang*
- *Baumwollstoff in Dunkelrosa mit Rankenmuster, 60 cm breit, 15 cm lang*
- *Bügeleinlage mittelstark, 90 cm breit, 80 cm lang*
- *Ripsband in Blau, 1 cm breit, 12 cm lang*
- *Pompon in Fuchsia, ø ca. 7 cm*
- *Filzrest in Braun, 5 cm breit, 3 cm lang*
- *2 Glasaugen in Schwarz, ø 1,5 cm*
- *farblich passendes Garn*
- *Füllwatte*

SO WIRD'S GEMACHT

Die grünen Baumwollstoffe vorab auf der linken Stoffseite mit Bügeleinlage verstärken, nicht aber die Stoffe für die Mütze.

ZUSCHNEIDEN:

aus grünem Stoff mit Eiskristallen: 2 x Hinterkopf (davon 1 x seitenverkehrt), 2 x Kopf vorn (davon 1 x seitenverkehrt), 2 x Ohr, 1 x Boden, inkl. 7 mm Nahtzugabe;

aus grünem Stoff mit Ornamenten: 2 x Schnauze Seite (davon 1 x seitenverkehrt), 1 x Schnauze Mitte, 2 x Ohr, inkl. 7 mm Nahtzugabe;

aus grünem Stoff mit Sternenmuster: 4 x Geweih (davon 2 x seitenverkehrt), inkl. 7 mm Nahtzugabe;

aus bordeauxfarbenem Stoff mit Sternenmuster: 2 x Mütze im Bruch, inkl. 7 mm Nahtzugabe;

aus dunkelrosa Stoff mit Rankenmuster: Mützenkrempe 55 cm breit, 12 cm lang, inkl. 7 mm Nahtzugabe;

aus Filz: 2 x Nüster

1. Je zwei der Geweihteile rechts auf rechts entlang der gebogenen Kante zusammennähen, dabei die gerade Kante offen lassen. Die Nahtzugabe einschneiden und die Geweihe wenden. Je zwei unterschiedlich gemusterte Ohrenteile ebenso verarbeiten. Die beiden Seiten des Ohrs jeweils zur Mitte legen und mit einer knappkantigen Naht vorfixieren.

2. Die Nüstern mit engem Zickzackstich entsprechend der Markierung auf die Schnauzenmitte nähen. Die seitlichen Schnauzenteile rechts auf rechts an das mittlere Schnauzenteil nähen, dabei die Markierungen beachten.

3. Den Hinterkopf und den Kopf vorn je an den mit „a" und „b" markierten Kanten rechts auf rechts zusammennähen, an Kante „b" jeweils ein Ohr zwischenfassen. Die Geweihe rechts auf rechts rund in die beiden entstandenen Löcher einsetzen, dabei auf oben und unten achten. Die Augen entsprechend der Markierungen annähen.

4. Die mittlere Naht des Kopfes schließen, an der markierten Position die Enden des zu einer Schlaufe gelegten Ripsbandes als Aufhängung mitfassen und mehrfach sichern. Die Schnauze rechts auf rechts rund in den Kopf einsetzen, dabei auf die Markierungen „c" und „d" ach-

Fortsetzung Anleitung S. 28

Tipp

Wer mag, kann ein Trophäenbrettchen mithilfe der auf Seite 69 abgebildeten Vorlage aus einer MDF-Platte (ca. 1,5 cm dick) sägen und mit Holzmalfarbe bemalen. Rückseitig kann eine Aufhängung zum Annageln angebracht werden. Auf der Vorderseite mittig, 3 cm von oben, einen Nagel fixieren, um den Elchkopf aufzuhängen.

ten. Dreiviertel des Bodens rechts auf rechts an die Öffnung des Elchkopfs nähen. Den Kopf wenden, mit reichlich Füllwatte ausstopfen und die übrige Naht mit einigen Handstichen schließen.

5. Die beiden seitlichen Kanten der Mütze bis zur Spitze sowie die kurzen Kanten der Krempe rechts auf rechts zusammennähen und bügeln. Die Nahtzugabe der Mütze mit Zickzackstich versäubern. Die Krempe rechts auf rechts bündig um die Mützenkante legen und ringsum annähen. Die offene Kante der Krempe 7 mm nach innen bügeln, dann die Krempe der Länge nach mittig nach innen umlegen. Die Krempe innen ringsum im Nahtschatten der Mütze annähen. Den Pompon mit Handstichen an der Mützenspitze fixieren.

Tipp

Wer die Elchtrophäe über die Weihnachtszeit hinaus als Gast an der Wand behalten möchte, nimmt einfach nach den Feiertagen die Weihnachtsmütze ab und achtet bei der Stoffauswahl auf eher neutrale Muster.

Geschenkanhänger

SCHWIERIGKEITSGRAD: ❄❄ **GRÖSSE:** je ca. 10 cm lang

Material

Schnittmuster Seite 70/71

- *Baumwollstoff in Rot gepunktet, 25 cm breit, 5 cm lang (Stoff 1)*
- *Baumwollstoff in Rot kariert, 20 cm breit, 15 cm lang (Stoff 2)*
- *Baumwollstoff in Hellblau mit Eisbärenmotiv, 25 cm breit, 10 cm lang (Stoff 3)*
- *Baumwollstoff in Blau mit Punkte-Blüten-Muster, 20 cm breit, 15 cm lang (Stoff 4)*
- *Baumwollstoff in Blau gepunktet, 20 cm breit, 15 cm lang (Stoff 5)*
- *Baumwollstoff in Hellblau mit Dreieckmuster, 20 cm breit, 15 cm lang (Stoff 6)*
- *Baumwollstoff in Hellblau mit Schneeflockenmuster, 20 cm breit, 15 cm lang (Stoff 7)*

Fortsetzung Material S. 30

SO WIRD'S GEMACHT

Alle Stoffe auf der linken Stoffseite mit Bügeleinlage verstärken. Darüber das beidseitig haftende Bügelvlies bügeln (außer beim Eisbärenstoff). Das Schutzpapier auf der zweiten Seite noch nicht abziehen.

ZUSCHNEIDEN:

aus Stoff 1: 2 x Krempe Stiefel (davon 1 x seitenverkehrt); 2 x Mütze Weihnachtsmann (davon 1 x seitenverkehrt);

aus Stoff 2: 2 x Ferse Stiefel (davon 1 x seitenverkehrt); 2 x Weihnachtsmann (davon 1 x seitenverkehrt);

aus Stoff 3: 2 x Stiefel (davon 1 x seitenverkehrt);

aus Stoff 4: 2 x Tannenbaum; 2 x Mütze Pinguin (davon 1 x seitenverkehrt);

aus Stoff 5: 2 x Tannenbaum, 2 x Mützenkrempe Pinguin (davon 1 x seitenverkehrt);

aus Stoff 6: 2 x Pinguin (davon 1 x seitenverkehrt);

aus Stoff 7: 2 x Tannenbaum;

aus Stoff 8: 1 x Gesicht Pinguin;

aus Filz in Gelb: 1 x Schnabel, 2 x Fuß Pinguin;

aus Filz in Schwarz: 2 x Auge Pinguin;

aus Papier in Türkis: 1 x Bauch Pinguin; 1 x Tannenbaum;

aus Papier in Rot: 1 x Sack Weihnachtsmann;

aus Papier in Blau: Zettel für Stiefel 6 cm x 6 cm

Fortsetzung Anleitung S. 30

- Baumwollstoffrest in Hellblau gepunktet, 8 cm breit, 4 cm lang (Stoff 8)
- Bügeleinlage mittelstark, 90 cm breit, 15 cm lang
- Bügelvlies beidseitig haftend, 90 cm breit, 15 cm lang
- Filzrest in Gelb, 5 cm breit, 5 cm lang
- Filzrest in Schwarz, 3 cm breit, 3 cm lang
- Glöckchen in Rot, ø ca. 7 mm
- Schleifenband mit Sternen, 7 mm breit, 30 cm lang
- Kordel in Rot-Weiß und in Türkis-Weiß, je 40 cm lang
- farblich passendes Garn
- Textilkleber
- Tonpapier in Türkis, Rot und Blau, je 20 cm breit, 15 cm lang
- 4 Ösen in Gold, ø 7 mm, Ösenzange

1. Stiefelferse, Stiefelkrempe, Pinguinmütze und Krempe, Pinguingesicht und Weihnachtsmannmütze auf die entsprechenden Positionen der Schnittteile bügeln, vorher das Schutzpapier des Bügelvlieses abziehen. Die Stiefelferse mit Zickzackstich ringsum annähen. Augen und Schnabel des Pinguins mit Textilkleber aufkleben.

2. Die Papierstücke für die Beschriftung der Anhänger auf den Weihnachtsmann und den Pinguin nähen. Dabei beim Pinguin die Oberkante der Füße mit in die Naht fassen.

3. Die Vorder- und Rückseiten der einzelnen Tannenbäume, des Pinguins und des Weihnachtsmanns jeweils aufeinanderbügeln, vorher das Schutzpapier entfernen.

4. Die drei Tannenbäume samt dem Papier für die Beschriftung bündig aufeinanderlegen und mit einer mittigen Naht senkrecht durch alle Lagen zusammennähen.

5. Die Schnittteile des Nikolausstiefels links auf links aufeinandernähen, dabei die obere Kante offen lassen. Das blaue Papier nach Wunsch beschriften, einrollen, mit dem Schleifenband fixieren und in den Stiefel stecken.

6. Das Glöckchen mit Handstichen an die Mütze des Weihnachtsmanns nähen. Alle Anhänger mit je einer Öse und einem 20 cm langen Stück Kordel versehen.

Kissen „Weihnachtskugel"

Material

Schnittmuster Seite 72

- *Baumwollstoff mit Glitzer- oder Lurexfäden in Anthrazit, 90 cm breit, 50 cm lang*
- *Baumwollstoff mit Rautenmuster in Rosa-Creme, 30 cm breit, 10 cm lang*
- *Bügeleinlage mittelstark, 90 cm breit, 60 cm lang*
- *Satinband in Pink, 1 cm breit, 120 cm lang*
- *Satinband in Fuchsia, 1,5 cm breit, 170 cm lang (90 cm für Kissen, 80 cm für Schleife)*
- *Samtband in Pink, 1,5 cm breit, 90 cm lang*
- *Organzaband in Weinrot gestreift, 4 cm breit, 90 cm lang*
- *Organzaband in Lila und Gold, 4 cm breit, 90 cm lang*
- *Organzaband in Grau mit Sternen, 5 cm breit, 90 cm lang*
- *2 Webbänder, je 1,5 cm breit, 90 cm lang*
- *2 Webbänder, je 2 cm breit, 90 cm lang*
- *Füllwatte*
- *farblich passendes Garn*

SCHWIERIGKEITSGRAD: ❄

GRÖSSE: ca. 40 cm x 40 cm

SO WIRD'S GEMACHT

Die Stoffe vorab auf der linken Stoffseite mit Bügeleinlage verstärken.

ZUSCHNEIDEN:

aus Stoff mit Glitzer- oder Lurexfäden: 2 x Kissen im Bruch, inkl. 7 mm Nahtzugabe;

aus Stoff mit Rautenmuster: 2 x Kugelfassung im Bruch, inkl. 7 mm Nahtzugabe

1. Jeweils eine Kugelfassung links auf rechts auf ein Kissenteil stecken. Entlang der unteren Kante der Fassung mit engem Zickzackstich aufnähen. Von den Bändern jeweils zwei Stücke in passender Länge zuschneiden und auf den beiden Kissenteilen auf je gleicher Höhe anordnen. Jeweils knappkantig entlang der oberen und unteren Kante aufnähen.

2. Die Kissenteile rechts auf rechts ringsum zusammennähen, dabei eine Wendeöffnung lassen. Die Nahtzugabe ringsum einschneiden. Das Kissen durch die Öffnung wenden und mit Füllwatte ausstopfen. Die Öffnung mit einigen Handstichen schließen.

3. Ein Stück Satinband zu einer Schleife binden und diese mit Handstichen an der Kugelfassung fixieren.

Tipp

Die Bänder können natürlich ganz individuell zusammengestellt werden, für die jeweils benötigte Länge kann man sich am Umfang des Kissens an der breitesten Stelle orientieren.

Christbaumkugeln

SCHWIERIGKEITSGRAD: ❄ ❄ **GRÖSSE:** Ø ca. 8 cm

Material

Schnittmuster Seite 72

Für vier Kugeln

- *Baumwollstoff mit Paillettenmuster, 40 cm breit, 15 cm lang*
- *Baumwollstoff in Pink mit Ornamenten, 40 cm breit, 15 cm lang*
- *Baumwollstoff in Grün mit Blattmuster, 40 cm breit, 15 cm lang*
- *Seidenstoff in Gelb mit Stickerei, 40 cm breit, 15 cm lang*
- *Bügeleinlage mittelstark, 90 cm breit, 30 cm lang*
- *4 Kugelfassungen aus Metall mit kleinen Löchern zum Annähen*
- *2 Quasten in Pink, 4 cm lang*
- *Füllwatte*
- *Stickgarn in Pink*
- *farblich passendes Garn*

SO WIRD'S GEMACHT

Alle Stoffe vorab auf der linken Stoffseite mit Bügeleinlage verstärken.

ZUSCHNEIDEN:

pro Kugel: 6 x Kugel, inkl. 7 mm Nahtzugabe;

pro Zapfen: 6 x Zapfen, inkl. 7 mm Nahtzugabe

1. Je zwei Schnittteile rechts auf rechts aufeinanderlegen und an einer Seite zusammennähen. Auf diese Weise alle sechs Schnittteile der Reihe nach aneinandernähen.

2. Die beiden noch offenen Kanten rechts auf rechts aufeinanderlegen und jeweils ein Stück von oben und von unten zusammennähen, mittig eine Wendeöffnung lassen. Die Kugel oder den Zapfen durch diese Öffnung wenden und mit reichlich Füllwatte ausstopfen.

3. Die Öffnung mit einigen Handstichen schließen. Ein Stück Stickgarn mit beiden Enden durch die obere Öffnung der Fassung fädeln und mit einem dicken Knoten fixieren. Die Fassung ringsum mit Handstichen oben auf der Kugel oder dem Zapfen annähen. Die Quasten an die Unterseiten der Zapfen nähen.

Tischset „Rentier entlaufen!“

SCHWIERIGKEITSGRAD: ❄❄

GRÖSSE: Tischset 37 cm x 45 cm
Besteckhülle 25 cm x 12 cm
Serviettenring 15 cm Umfang

Material

Schnittmuster Seite 63

Für 2 Sets

- *Leinenstoff in Natur mit Sternenmuster, 140 cm breit, 45 cm lang*
- *Leinen- oder Baumwollstoff in Rot-Natur kariert, 140 cm breit, 50 cm lang*
- *2 Filzplatten in Rot, 2 mm dick, 45 cm breit, 30 cm lang*
- *Bügeleinlage mittelstark, 90 cm breit, 80 cm lang*
- *Geschenkkordel in Rot-Gold, 140 cm lang*
- *Rest Füllwatte*
- *farblich passendes Garn*
- *Kreidestift oder wasserlöslicher Konturenstift*

SO WIRD'S GEMACHT

Das Weihnachtsmannmotiv und das Rentier auf den Filz zeichnen. Die Motive zunächst nur grob ausschneiden.

ZUSCHNEIDEN:

aus Stoff mit Sternenmuster: 2 x Tischset 47 cm breit, 39 cm lang, 2 x Besteckhülle 27 cm breit, 14 cm lang, inkl. 1 cm Nahtzugabe; 2 x Päckchen, inkl. 5 mm Nahtzugabe;

aus kariertem Stoff: 2 x Tischset Rückseite 47 cm breit, 39 cm lang, 2 x Besteckhülle Tasche 14 cm breit, 32 cm lang, 2 x Besteckhülle Rückseite 14 cm breit, 27 cm lang, 2 x Serviettenring 17 cm breit, 6 cm lang, inkl. 1 cm Nahtzugabe;

aus Bügeleinlage: 2 x Tischset 47 cm breit, 39 cm lang, 2 x Besteckhülle Tasche 14 cm breit, 32 cm lang, 2 x Besteckhülle 14 cm breit, 27 cm lang, inkl. 1 cm Nahtzugabe; 2 x Päckchen, inkl. 5 mm Nahtzugabe

1. Die Bügeleinlage von links auf die Vorderseiten der Tischsets, die Besteckhüllen-Taschen, die Besteckhüllen und die Päckchen bügeln.

2. Den Filz mit dem Weihnachtsmannmotiv jeweils an die Unterkante der Tischset-Vorderseite (Sternenstoff) stecken und sorgfältig mit Stecknadeln fixieren. Mit engem Zickzackstich entlang der Kanten aufnähen. An jedem Eckpunkt oder bei starken Rundungen stoppen, die Nähmaschinennadel mit dem Handrad in den Stoff senken, den Nähfuß anheben und die Richtung justieren. Den Nähfuß wieder absenken und weiternähen. Ggf. überstehenden Filz anschließend mit einer feinen Schere zurückschneiden, den Filz zwischen den Schlittenkufen vorsichtig herausschneiden.

3. Die karierte Tasche der Besteckhülle quer mittig zusammenlegen (Stoffbruch = Oberkante), das Rentier darauf platzieren, ebenso aufnähen und zurückschneiden. Die Tasche mit bündigen Unterkanten auf die Besteckhülle (Sternenstoff) legen und knappkantig entlang der unteren und seitlichen Kanten aufnähen.

Fortsetzung Anleitung S. 38

4. Die karierten Rückseiten von Tischset und Besteckhülle jeweils rechts auf rechts auf die Vorderseiten nähen. Dabei je eine Wendeöffnung lassen. Durch die Öffnung wenden und diese mit einigen Handstichen schließen. Die Kanten glatt bügeln.

5. Das Band für den Serviettenring an den kurzen Seiten rechts auf rechts zusammennähen. Die beiden langen Kanten jeweils ringsum zur Mitte bügeln, dann den Ring nochmals mittig falten. Die offene Seite ringsum zusammennähen.

6. Die Kordel in zwei gleich lange Stücke schneiden, je 18 cm abschneiden und daraus eine Schleife binden. Die seitlichen Kanten der Päckchen rechts auf rechts übereck zusammennähen, dabei in einer Naht die Enden des restlichen Kordelstücks mitfassen. Päckchen wenden und mit Füllwatte füllen. Den Deckel über das Päckchen klappen, Nahtzugabe nach innen schlagen, den Deckel mit Handstichen fixieren. Die Kordel um das Päckchen schnüren und die Schleife platzieren, beides mit Handstichen am Päckchen festnähen. Die überstehende Kordel um den Serviettenring schlingen.

Tipp

Für Nähanfänger empfiehlt sich die Arbeit mit beidseitig haftendem Bügelvlies. Die für dieses Projekt benötigte Menge beträgt dann 90 cm Breite x 30 cm Länge. Das Bügelvlies zuerst auf den Filz bügeln, dann die Motive aufzeichnen und sorgfältig ausschneiden. Anschließend die Filzmotive auf den Stoffen platzieren und aufbügeln. Die Motive mit einer knappkantigen Naht im Geradstich zusätzlich fixieren.

Elch-Zugluftstopper

SCHWIERIGKEITSGRAD: ❄❄❄ **GRÖSSE:** 112 cm x 25 cm

Material

Schnittmuster Seite 74/75

- *Fleece in Braun, 90 cm breit, 60 cm lang*
- *Baumwollstoff in Braun gepunktet, 110 cm breit, 15 cm lang*
- *Jeansstoff in Rot-Weiß gestreift, 50 cm breit, 32 cm lang*
- *Samt in Dunkelbraun, 120 cm breit, 20 cm lang*
- *Baumwollstoff in Grün gemustert, 130 cm breit, 20 cm lang*
- *Bügeleinlage mittelstark, 90 cm breit, 110 cm lang*
- *Wollrest in Grün*
- *Filzrest in Braun, 10 cm breit, 4 cm lang*
- *farblich passendes Garn*
- *Füllwatte*

SO WIRD'S GEMACHT

Alle Stoffe, außer den grün gemusterten Stoff für den Schal, auf der linken Seite mit Bügeleinlage verstärken.

ZUSCHNEIDEN:

aus braunem Fleece: 2 x Hinterkopf (davon 1 x seitenverkehrt), 2 x Kopf vorn (davon 1 x seitenverkehrt), 2 x Ohr, 2 x Schnauze Seite (davon 1 x seitenverkehrt), 1 x Schnauze Mitte, 1 x Bein 40 cm breit, 32 cm lang, inkl. 7 mm Nahtzugabe;

aus braun gepunktetem Stoff: 4 x Geweih (davon 2 x seitenverkehrt), 2 x Ohr, inkl. 7 mm Nahtzugabe;

aus rot-weiß gestreiftem Jeansstoff: 1 x Pullover 50 cm breit, 32 cm lang, inkl. 7 mm Nahtzugabe;

aus braunem Samt: 2 x Huf im Bruch, 2 x Sohle, inkl. 7 mm Nahtzugabe;

aus grün gemustertem Stoff: 1 x Schal 130 cm breit, 20 cm lang, inkl. 7 mm Nahtzugabe;

aus Filz: 2 x Nüster, 2 x Auge

Fortsetzung Anleitung S. 40

Tipp

Damit der Elchkopf nicht nach vorne kippt, diesen mit einem Stück Klettband, das am Hinterkopf und an der Tür befestigt wird, fixieren. So bleibt der Zugluftstopper stabil in Position.

1. Je zwei der Geweihteile rechts auf rechts entlang der gebogenen Kante zusammennähen, die gerade Kante offen lassen. Die Nahtzugabe einschneiden und das Geweih wenden. Je zwei unterschiedlich gemusterte Ohrteile ebenso zusammennähen. Die beiden Seiten jedes Ohrs zur Mitte legen und an der Unterkante mit einer knappkantigen Naht vorfixieren.

2. Die Nüstern und Augen mit engem Zickzackstich entsprechend den Markierungen auf Schnauze und Kopf nähen. Die seitlichen Schnauzenteile rechts auf rechts an das mittlere Schnauzenteil nähen, dabei die Markierungen beachten.

3. Den Hinterkopf an den mit „a" und „b" markierten Kanten zusammennähen, an Kante „b" wird jeweils ein Ohr zwischengefasst. Die Geweihe jeweils rund in das entstandene Loch rechts auf rechts einsetzen, dabei auf oben und unten achten.

4. Die mittlere Naht des Kopfes schließen. Die Schnauze rund in den Kopf einsetzen, dabei auf die Markierungen „c" und „d" achten. Die Stoffe liegen dabei rechts auf rechts. Den Elchkopf mit reichlich Füllwatte ausstopfen.

5. Die Rechtecke aus gestreiftem Stoff und aus Fleece an je einer kurzen Kante rechts auf rechts zusammennähen. Die Nahtzugabe auseinanderbügeln. Die langen Kanten rechts auf rechts aneinandernähen, dabei mittig eine Wendeöffnung lassen.

6. Die Hufe jeweils an der kurzen gebogenen Kante rechts auf rechts zusammennähen, sodass ein Ring entsteht. Die Sohle rund entlang der langen Kante des Rings rechts auf rechts einsetzen. Den Huf rund am Bein und Pullover rechts auf rechts einsetzen. Alles durch die Wendeöffnung wenden, mit reichlich Füllwatte ausstopfen und die Öffnung mit einigen Handstichen schließen. Den Elchkopf mittig aufsetzen, die Nahtzugabe nach innen schlagen und ringsherum mit Handstichen aufnähen.

7. Den Schal der Länge nach rechts auf rechts mittig zusammenlegen. Die Wolle in ca. 10 cm lange Stücke schneiden und die Fransen an den kurzen Seiten zwischen die Stofflagen legen, dabei weisen die Fransen nach innen. Den Schal entlang der offenen Kanten zusammennähen, an der langen Kante mittig eine Wendeöffnung lassen. Den Schal wenden, bügeln und die Öffnung mit einigen Handstichen schließen. Den Schal um den Elchkopf binden.

Krippenszene

Material

Schnittmuster Seite 76/77

- *Baumwollstoff in Blau mit Sternenmuster, 50 cm breit, 30 cm lang*
- *Baumwollstoff in Rosa-Grau gemustert, 20 cm breit, 15 cm lang*
- *Baumwollstoff in Grau mit Zackenmuster, 20 cm breit, 15 cm lang*
- *Baumwollstoff in Hellblau gepunktet, 20 cm breit, 10 cm lang*
- *Baumwollstoffrest in Rosa gepunktet, 10 cm breit, 4 cm lang*
- *Bügeleinlage mittelstark, 90 cm breit, 30 cm lang*
- *Filz in Gelb und Grau, je 15 cm breit, 10 cm lang*
- *Filzreste in Hellbraun und Dunkelbraun, je 10 cm breit, 5 cm lang*
- *Pomponborte in Wollweiß, 1,5 cm breit, 20 cm lang*
- *Stickgarnreste in Rot, Rosa, Schwarz und Braun*
- *Wollrest in Weiß*
- *farblich passendes Garn*
- *2 Klettpunkte zum Aufkleben, ø ca. 2 cm*
- *Textilkleber*
- *3-D-Bilderrahmen, 3 cm tief, 22 cm x 22 cm*

SCHWIERIGKEITSGRAD: ❄

GRÖSSE: ca. 22 cm x 22 cm x 3 cm

SO WIRD'S GEMACHT

Alle Stoffe vorab mit Bügeleinlage verstärken.

ZUSCHNEIDEN:

aus blauem Stoff mit Sternenmuster: 1 x Rückwand Rahmen 22 cm x 22 cm; 4 x Seite Rahmen 3 cm breit, 22 cm lang;

aus rosa-grau gemustertem Stoff: 2 x Maria, inkl. 5 mm Nahtzugabe;

aus grauem Stoff mit Zackenmuster: 2 x Josef, inkl. 5 mm Nahtzugabe;

aus hellblau gepunktetem Stoff: 2 x Jesus, 2 x Decke, inkl. 5 mm Nahtzugabe;

aus rosa gepunktetem Stoff: 1 x Gesicht Maria, 1 x Gesicht Josef, 1 x Gesicht Jesus;

aus Filz in Gelb: 1 x Sternschnuppe;

aus Filz in Grau: 1 x Esel;

aus Filz in Hellbraun: 1 x Haare/Bart Josef;

aus Filz in Dunkelbraun: 1 x Krippe

1. Die Partie für das Gesicht der Maria vorsichtig aus einem Maria-Schnittteil herausschneiden. Das Gesicht und ein paar Wollstücke als Haare hinter die Öffnung setzen und mit Textilkleber oder einigen Handstichen fixieren.

2. Das Jesus-Gesicht auf ein Jesus-Schnittteil kleben. Die Deckenteile rechts auf rechts legen und entlang der kurzen gebogenen Kante zusammennähen. Die Decke wenden und die genähte Kante bügeln. Die Decke auf der Vorderseite der Jesusfigur platzieren und knappkantig vorfixieren. Die Rückseiten aller Figuren rechts auf rechts auf die Vorderseiten nähen, dabei je eine Wendeöffnung lassen. Die Nahtzugaben rundum einschneiden.

3. Die Figuren durch die Öffnung wenden, mit Watte füllen und die Öffnung mit einigen Handstichen schließen. Der Joseffigur Gesicht und Haare/Bart (Achtung: Gesichtspartie zuvor aus dem Bartteil herausschneiden) aufkleben. Augen, Münder und Nase aufsticken. Die Pompons von der Borte schneiden und als Hände mit Handstichen annähen. Die flauschige Seite der Klettpunkte jeweils auf die Rückseiten von Josef und Maria kleben.

4. Die Gegenseite der Klettpunkte auf den Stoff für die Rückwand des Rahmens kleben. Die Krippe entlang der unteren und seitlichen Kanten aufnähen, der Filz sollte dabei leicht nach außen gewölbt sein. Esel und Sternschnuppe ringsum auf die Rückwand nähen. Rückwand und Innenseiten mit Textilkleber in den Rahmen kleben. Die Figuren im Rahmen platzieren.

Dekoanhänger „Eicheln“

SCHWIERIGKEITSGRAD: ❄❄

GRÖSSE: ca. 8 cm und 10 cm lang

Material

Schnittmuster Seite 63

Für einen kleinen und einen großen Anhänger

- *Baumwollstoff in Beige-Gold, 40 cm breit, 8 cm lang*
- *Baumwollstoff in Violett gepunktet, 40 cm breit, 8 cm lang*
- *Baumwollstoff in Beige mit Rautenmuster, 40 cm breit, 10 cm lang*
- *Baumwollstoff in Rosa mit Sternenmuster, 40 cm breit, 10 cm lang*
- *Glitzerborte in Gold, 7 mm breit, 35 cm lang*
- *Samtband in Bordeaux, 1 cm breit, 35 cm lang*
- *farblich passendes Garn*
- *Füllwatte*

SO WIRD'S GEMACHT

ZUSCHNEIDEN:

aus beige-goldfarbenem Stoff: 8 x Fruchtbecher groß, inkl. 5 mm Nahtzugabe;

aus violettem Stoff mit Punkten: 8 x Fruchtbecher klein, inkl. 5 mm Nahtzugabe;

aus beigefarbenem Stoff mit Rautenmuster: 4 x Eichel groß, inkl. 5 mm Nahtzugabe;

aus rosafarbenem Stoff mit Sternenmuster: 4 x Eichel klein, inkl. 5 mm Nahtzugabe

1. Je zwei Schnittteile der Fruchtbecher rechts auf rechts aufeinanderlegen und je eine der seitlichen Kanten zusammennähen, sodass vier Viertel entstehen. Die Viertel zu Hälften zusammensetzen. 12 cm vom Band abschneiden, zu einer Schlaufe legen und die beiden Enden mit den offenen Kanten nach außen gerichtet an der Spitze einer Fruchtbecher-Hälfte platzieren. Die beiden Hälften jeweils zu einem vollständigen Fruchtbecher zusammennähen, die Stoffe liegen dabei rechts auf rechts.

2. Die vier Schnittteile der Eichel jeweils an zwei seitlichen Kanten der Reihe nach rechts auf rechts aneinandernähen. Fruchtbecher und Eichel rechts auf rechts ineinanderschieben und bis auf eine kleine Wendeöffnung ringsum zusammennähen. Die Eichel wenden, mit Füllwatte ausformen und die verbliebene Öffnung mit einigen Handstichen schließen.

3. Das übrige Band jeweils mittig über die Naht zwischen Fruchtbecher und Eichel stecken und mit möglichst unsichtbaren Handstichen aufnähen, das Ende sauber nach innen schlagen.

Tassenmanschette

SCHWIERIGKEITSGRAD: ❄

GRÖSSE: für eine Tasse mit ø 8 cm

Material

Schnittmuster Seite 59

- *Filz in Braun, 35 cm breit, 10 cm lang*
- *Filzrest in Schwarz, 8 cm breit, 3 cm lang*
- *Zackenborte in Rosa gepunktet, 5 mm breit, 40 cm lang*
- *Zackenborte in Rot, 5 mm breit, 20 cm lang*
- *6 kleine Holzperlen in 2 verschiedenen Farben, ø 3 mm*
- *Stickgarn in Rosa, Rot und Schwarz*
- *Klettverschluss, 1,5 cm breit, 3 cm lang*
- *farblich passendes Garn*

SO WIRD'S GEMACHT

ZUSCHNEIDEN:

aus Filz in Braun: 3 x Lebkuchenmann;

aus Filz in Schwarz: 3 x Fliege

1. Die Zackenborte in 5 cm lange Stücke schneiden, jeweils um Arme und Beine der Lebkuchenmänner legen und mit einer geraden Naht annähen. Je eine Fliege am Hals platzieren und mit einem großen Stich festnähen. Die Holzperlen als Knöpfe mit einigen Handstichen aufnähen und das Gesicht aufsticken.

2. Die Lebkuchenmänner mit einigen Handstichen jeweils an Armen und Beinen aneinandernähen. Beim ersten und letzten Lebkuchenmann ein Stück Klettverschluss mit einer geraden Naht jeweils waagerecht auf die Rückseite an Arm und Bein nähen, dabei schließt das Flauschband an Arm und Bein des einen Lebkuchenmannes bündig ab, das Klettband auf der Gegenseite ragt dagegen hervor.

Tipp

Ein Set aus diesen Tassenmanschetten ist bei einem Weihnachtsbrunch mit Freunden oder bei einer Glühweinparty auf der weihnachtlich beleuchteten Terrasse sicher DER Hingucker!

Winterdörfchen

SCHWIERIGKEITSGRAD: ❄❄

GRÖSSE: je 12 cm x 9 cm x 15 cm

Material

Schnittmuster Seite 73

Für vier Häuschen

- *Baumwollstoff in Blau-Beige mit Schuppenmuster, 20 cm breit, 20 cm lang (Stoff 1)*
- *Baumwollstoff in Weiß-Gold mit Zackenmuster, 20 cm breit, 20 cm lang (Stoff 2)*
- *Baumwollstoff in Türkis mit Linienmuster, 20 cm breit, 20 cm lang (Stoff 3)*
- *Baumwollstoff in Beige-Gold mit Kreismuster, 60 cm breit, 20 cm lang (Stoff 4)*
- *Baumwollstoff in Altrosa mit Sternenmuster, 60 cm breit, 20 cm lang (Stoff 5)*
- *Baumwollstoff in Grau-Beige-Gold mit Sechsecken, 60 cm breit, 20 cm lang (Stoff 6)*
- *Baumwollstoff in Beige-Rosa-Gold mit Dreiecken, 80 cm breit, 20 cm lang (Stoff 7)*
- *Bügeleinlage stark, 90 cm breit, 80 cm lang*
- *Filzreste in Weiß, Braun und Pink*
- *Stoffrest in Türkis*
- *farblich passendes Garn*
- *Silhouettenschere*
- *4 LED-Teelichter*

SO WIRD'S GEMACHT

Die Baumwollstoffe vorab auf der linken Stoffseite sorgfältig mit Bügeleinlage verstärken, sodass sie sich nicht mehr ablösen lässt.

ZUSCHNEIDEN:

aus Stoff 1–3 und 7: je 1 x Dach im Bruch, inkl. 1 cm Nahtzugabe;

aus Stoff 4–7: je 2 x Haus Seitenteil, 2 x Hausfront, inkl. 1 cm Nahtzugabe;

aus Filz in Weiß: 1 x Katze;

aus Filz in Braun: 1 x Katze;

aus Filz in Pink: 1 x Herz;

aus Stoff in Türkis: 1 x Stern

1. Die Markierungen für die Fensterausschnitte mit Bleistift auf die linken Stoffseiten der Haus-Schnittteile zeichnen und mit einer Silhouettenschere entlang der Linien ausschneiden. Dabei pro Haus jeweils eine Front mit einem runden und die zweite mit einem eckigen Sprossenfenster versehen. Katzen, Herz und Stern auf den Vorderseiten platzieren und ringsum mit engem Zickzackstich aufnähen.

2. Je eine lange Kante der seitlichen Hausteile rechts auf rechts an die kurzen Seiten der Dächer nähen. Dann je eine Hausfront rechts auf rechts an die Außenkante von Dach und Hausseite nähen. Die Nahtzugabe zurückschneiden, das Haus wenden, ausformen und über ein LED-Teelicht stellen.

Achtung

Aus Sicherheitsgründen bitte unbedingt LED-Teelichter verwenden und keinesfalls offene, normale Teelichter! Brandgefahr!

Süße Wichtelpantoffeln

SCHWIERIGKEITSGRAD: ❄ ❄ **GRÖSSE:** 38/39/40

Material

Schnittmuster Seite 80

- *2 Filzplatten in Türkis, 3 mm dick, 30 cm breit, 45 cm lang*
- *Baumwollstoff in Rot gepunktet, 20 cm breit, 15 cm lang*
- *Baumwollstoff in Rosa gepunktet, 15 cm breit, 6 cm lang*
- *Baumwollstoff in Weiß mit Sternenmuster, 15 cm breit, 10 cm lang*
- *Bügeleinlage mittelstark, 50 cm breit, 15 cm lang*
- *farblich passende Wolle*
- *Stickgarn in Braun und Schwarz*
- *farblich passendes Garn*

SO WIRD'S GEMACHT

Die Baumwollstoffe vorab mit Bügeleinlage verstärken.

ZUSCHNEIDEN:

aus Filz: 2 x Sohle, 2 x Schuh vorne, 2 x Ferse (Größe 38 = 25,5 cm lang, 5,5 cm breit, Größe 39 = 26,2 cm lang, 5,5 cm breit, Größe 40 = 26,9 cm lang, 5,5 cm breit), inkl. 5 mm Nahtzugabe;

aus rotem Stoff mit Punkten: 2 x Mütze (davon 1 x seitenverkehrt);

aus rosafarbenem Stoff mit Punkten: 2 x Gesicht (davon 1 x seitenverkehrt);

aus weißem Stoff mit Sternenmuster: 2 x Bart (davon 1 x seitenverkehrt); 2 x Bommel

1. Die Teile für das Wichtelmotiv nacheinander auf dem Schuh platzieren und mit engem Zickzackstich ringsum mit farblich passendem Garn aufnähen. Augen und Augenbrauen aufsticken.

2. Die Schuhteile jeweils vorn auf die Sohlen stecken und knappkantig entlang der Außenkante annähen. Die Fersenteile jeweils hinten auf die Sohlen stecken und ebenso annähen.

3. Die kurzen Seiten des Fersenteils in den Schuh stecken und mit der Wolle im Langettenstich fixieren. Dazu mit gleichmäßigen Stichen die Kante umschlingen, dabei durch beide Filzlagen ausstechen und jeweils vor dem Anziehen des Fadens die Nadel durch die Schlaufe, die sich um die Kante legt, führen. Ebenso entlang der gesamten Außenkante des Pantoffels nähen. Die Fadenenden im Schuh vernähen.

Tipps

Für Kindergrößen umranden Sie einfach die Sohle eines bereits vorhandenen, gut passenden Schuhs und fügen ringsherum 1 cm hinzu.

Damit die Sohlen rutschfest werden, flüssige Latexmilch punktförmig oder flächig auftragen und gut trocknen lassen. Alternativ kann auch ein Sohlenzuschnitt aus Wildleder von unten auf die Pantoffeln geklebt werden.

Weihnachtsmann

Material

Schnittmuster Seite 78–80

- *Baumwollstoff in Rot mit Wintermotiven, 80 cm breit, 20 cm lang (Mantel und Mütze)*
- *Baumwollstoff in Weiß mit Rentiermotiven, 50 cm breit, 20 cm lang (Körper)*
- *Baumwollstoff in Weiß mit Herzen, 30 cm breit, 20 cm lang (Krempen)*
- *Baumwollstoff in Schwarz, 40 cm breit, 15 cm lang (Stiefel und Gürtel)*
- *Bügeleinlage mittelstark, 90 cm breit, 20 cm lang*
- *Filz in Hautfarbe, 2 mm dick, 20 cm breit, 10 cm lang*
- *Pompon in Wollweiß, ø 1 cm*
- *Pompon in Hautfarbe, ø 1,5 cm*
- *Gürtelschnalle oder Knopf, ø 2 cm*
- *Stickgarn in Braun und Schwarz*
- *Füllwatte*
- *farblich passendes Garn*
- *ggf. roter Bunt- oder Filzstift*

SCHWIERIGKEITSGRAD: ❄❄❄ **GRÖSSE:** 30 cm x 18 cm

SO WIRD'S GEMACHT

Den Stoff mit Rentiermotiven und den schwarzen Stoff vorab auf der linken Seite mit Bügeleinlage verstärken.

ZUSCHNEIDEN:

aus rotem Stoff mit Wintermotiven: 2 x Mantel Vorderteil (davon 1 x seitenverkehrt), 1 x Mantel Rückteil im Bruch, 2 x Mantelärmel, 2 x Mütze, inkl. 5 mm Nahtzugabe;

aus weißem Stoff mit Rentiermotiven: 2 x Bauch (davon 1 x seitenverkehrt), 1 x Rücken im Bruch, 4 x Arm (davon 2 x seitenverkehrt), 4 x Bein (davon 2 x seitenverkehrt), inkl. 5 mm Nahtzugabe;

aus weißem Stoff mit Herzen: 1 x Saumumschlag 26,5 cm breit, 5 cm lang, 2 x Ärmelumschlag 9,5 cm breit, 4 cm lang, 1 x Mützenkrempe 15,5 cm breit, 4 cm lang, inkl. 5 mm Nahtzugabe;

aus schwarzem Stoff: 4 x Stiefel (davon 2 x seitenverkehrt), 2 x Sohle, 1 x Gürtel 35 cm breit, 4 cm lang;

aus Filz: 2 x Kopf

1. Je ein Stiefelteil rechts auf rechts an die gerade kurze Kante eines Beinteils nähen. Dann je zwei Beinteile mit Stiefel an den langen seitlichen Kanten rechts auf rechts zusammennähen und die Sohle rechts auf rechts rund in den Stiefel einsetzen. Je zwei Armteile rechts auf rechts zusammennähen. Die Nahtzugaben einschneiden, Arme und Beine wenden und mit Füllwatte ausstopfen.

2. Die Kopfteile aufeinanderlegen und entlang der oberen Kante zusammennähen, dann wenden. Die Bauchteile entlang der leicht gewölbten Mittelkanten rechts auf rechts zusammennähen. Bauch und Rücken links auf links aufeinanderlegen, Beine, Arme und Kopf entsprechend der Markierungen zwischen die Lagen legen. Rings um die Außenkante von Bauch und Rücken mit einem großen, engen Zickzackstich nähen, dabei eine kleine Öffnung lassen. Durch diese den Bauch mit Füllwatte füllen, dann die restliche Naht schließen.

3. Beim Nähen des Mantels werden alle Nähte mit Zickzackstich versäubert. Die Ärmelumschläge der Länge nach mittig links auf links zusammenlegen und jeweils auf der linken Stoffseite der unteren Ärmelkanten annähen. Den Umschlag über den Ärmel klappen. Die Schulternähte rechts auf rechts schließen.

Fortsetzung Anleitung S. 54

Die Ärmel an die Vorderteile und das Rückteil nähen, dann jeweils die Seitennaht von Mantel und Ärmel schließen. Die Stoffe liegen dabei rechts auf rechts. Den Saumumschlag auf der linken Stoffseite an die untere Kante des Mantels annähen und nach oben klappen. Die vorderen Kanten des Mantels je 1 cm nach innen bügeln und das Halsloch mit Zickzackstich versäubern. Dem Weihnachtsmann den Mantel anziehen, die vorderen Mantelkanten übereinanderschlagen und den Mantel mit durch alle Lagen von Hand gestickten Knöpfen fixieren.

4. Die langen Außenkanten des Gürtels der Länge nach zur Mitte bügeln, dann den Gürtel nochmals mittig zusammenlegen und mit einer knappkantigen Naht fixieren. Den Gürtel umlegen und auf der passenden Länge die Schnalle anbringen oder den Knopf durch alle Lagen des Gürtels festnähen.

5. Die Mütze an den seitlichen Kanten rechts auf rechts zusammennähen und versäubern. Die kurzen Seiten der Mützenkrempe rechts auf rechts zusammennähen, dann der Länge nach mittig links auf links zusammenlegen und auf die linke Stoffseite entlang der unteren Mützenkante nähen. Die Naht versäubern und die Krempe nach oben klappen. Die Mütze mit einigen Handstichen am Kopf fixieren.

6. Die Pompons an der Mütze und als Nase annähen, Augen und Augenbrauen aufsticken. Etwas Füllwatte als Bart ankleben. Ggf. die Nase noch etwas mit roter Farbe akzentuieren.

Tipps

Wer möchte, näht noch ein kleines Säckchen, z.B. aus Rupfen, und füllt dieses entweder mit kleinen Geschenken oder dekoriert es mit kleinen genähten Päckchen (siehe dazu Anleitung „Tischset“).

Achtung: Dieser Weihnachtsmann kann aufgrund der separat angenähten Beine nicht stehen und muss angelehnt oder von der Rückseite fixiert werden.

Schnittmuster

Wichtig: Die meisten Schnittmuster auf den nachfolgenden Seiten sind verkleinert abgebildet. Bitte vergrößern Sie diese Schnittmuster mit dem Kopiergerät auf den jeweils angegebenen Prozentwert (entweder auf die doppelte Größe = 200 % oder auf die vierfache Größe = 400 %). Bei besonders großen Schnittmustern benötigen Sie mehrere Blätter, die Sie an den eingezeichneten Kopierhilfslinien zusammensetzen müssen.

Adventskranz, S. 8 (auf 200 % vergrößern)

Boden/Deckel Kerze
4 x roter Stoff mit Sternen
4 x roter Stoff mit Punkten
○ Markierung Druckknopf und Flamme
inkl. 1 cm Nahtzugabe

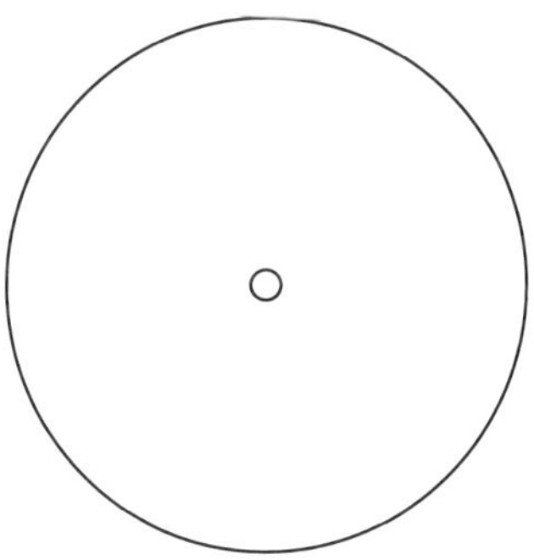

Flamme
4 x Filz

Adventskranz groß
1 x Stoff mit Rentieren
1 x hellgrüner Stoff mit Punkten
inkl. 1 cm Nahtzugabe

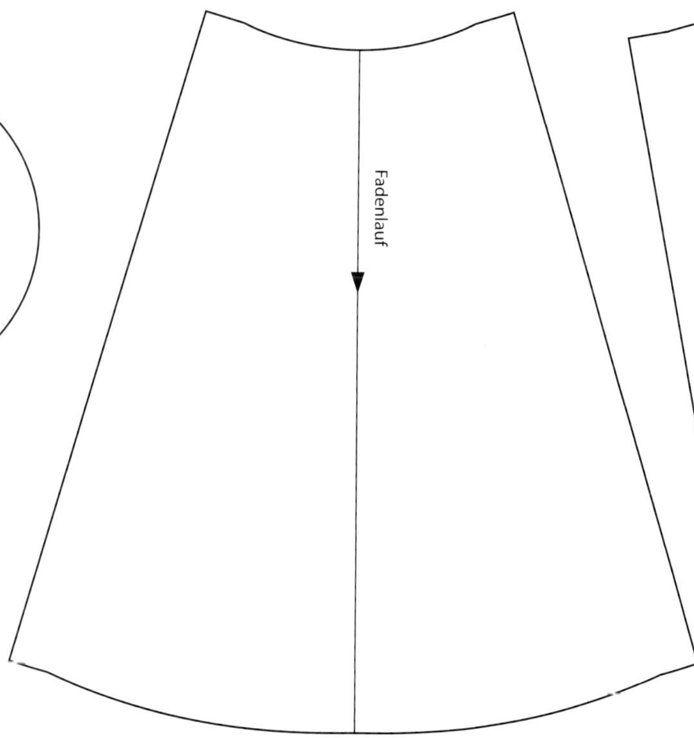

Adventskranz mittel
1 x Stoff mit Rentieren
1 x hellgrüner Stoff mit Punkten
2 x grüner Stoff mit Herzen
inkl. 1 cm Nahtzugabe

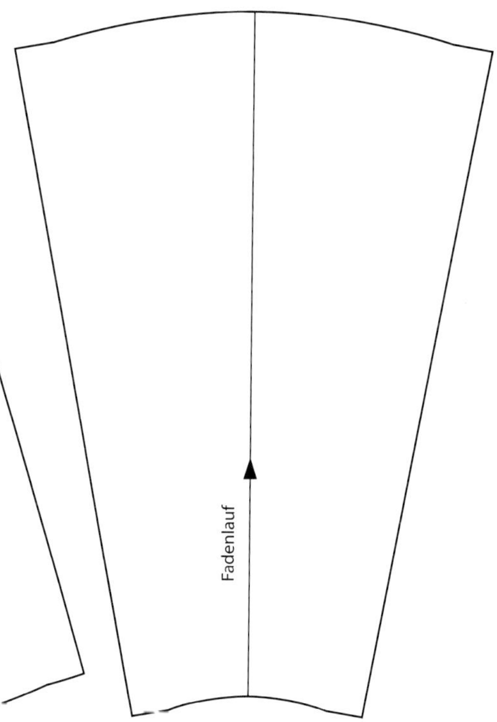

Adventskranz, S. 8
(auf 200 % vergrößern)

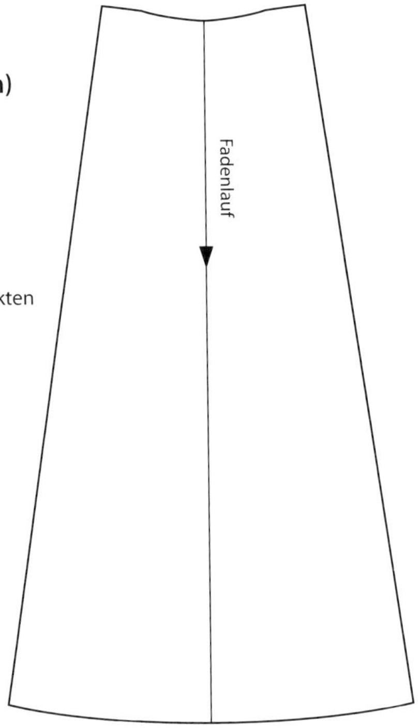

Adventskranz klein
2 x Stoff mit Rentieren
1 x hellgrüner Stoff mit Punkten
1 x grüner Stoff mit Herzen
inkl. 1 cm Nahtzugabe

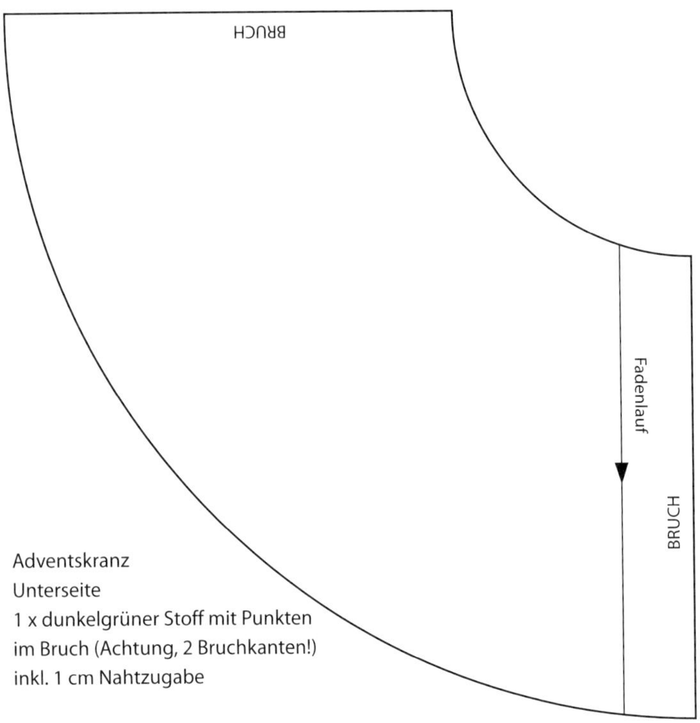

Adventskranz
Unterseite
1 x dunkelgrüner Stoff mit Punkten
im Bruch (Achtung, 2 Bruchkanten!)
inkl. 1 cm Nahtzugabe

Adventskalender, S. 10
(auf 200 % vergrößern)

Kästchen
3 x königsblauer Filz
3 x mittelblauer Filz
6 x hellblauer Filz
3 x grauer Filz
6 x pinkfarbener Filz
3 x wollweißer Filz
I I Position Gummiband
● Unterteil Druckknopf mit Loch
○ Oberteil Druckknopf mit Zapfen
* Button
inkl. 5 mm Nahtzugabe

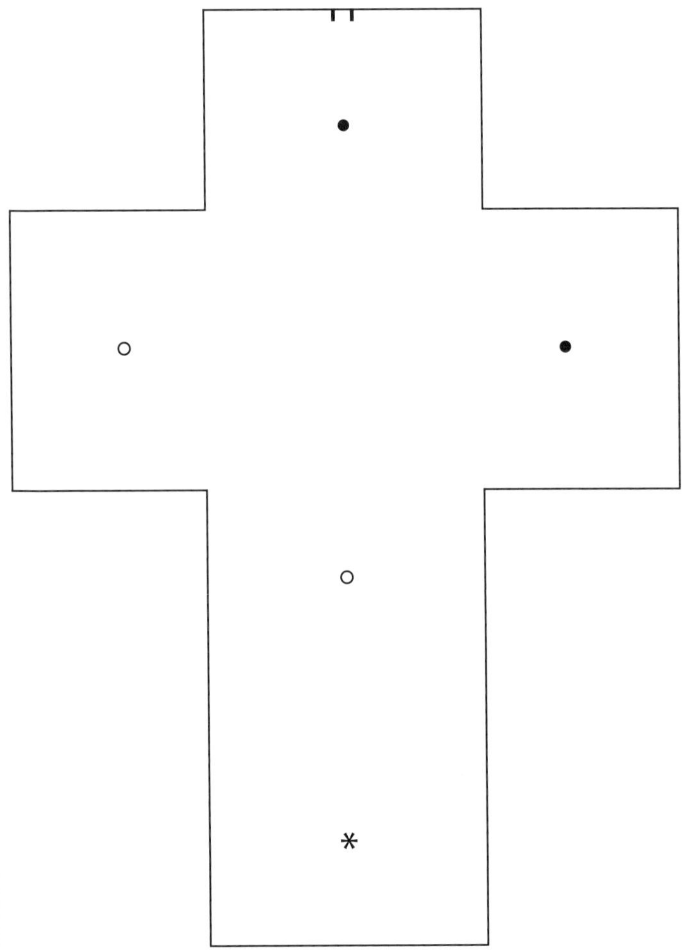

Baumschmuck, S. 12
(Originalgröße)

Schaukelpferd
2 x Stoff 4 (davon 1 x seitenverkehrt)
- - - - Position Kufen
* Position Schleife

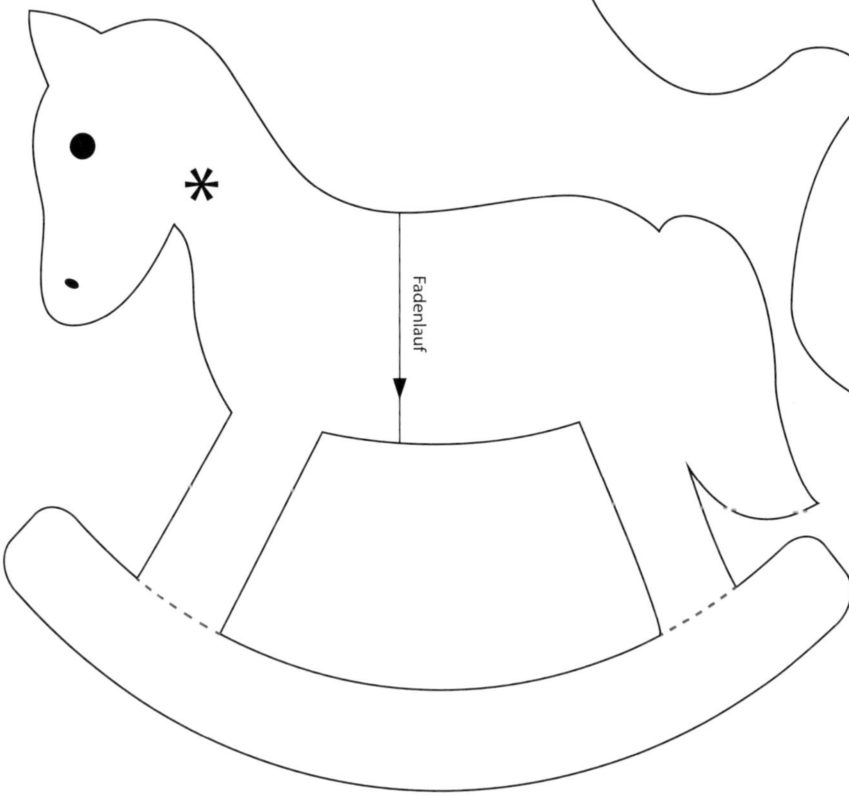

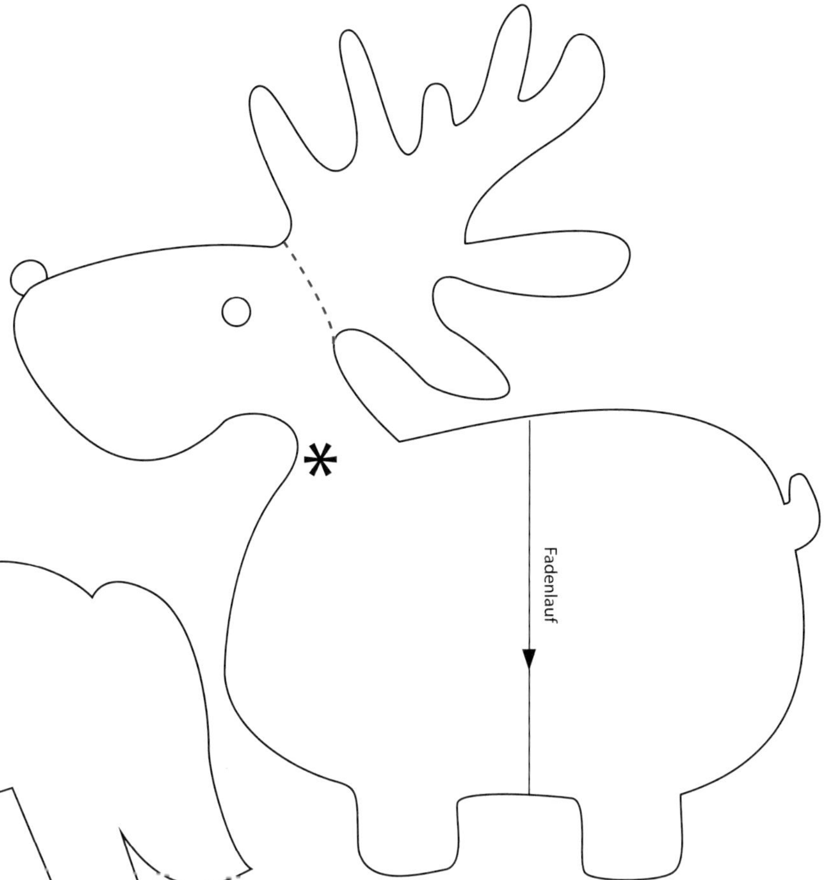

Elch
2 x Stoff 3 (davon 1 x seitenverkehrt)
- - - - Position Geweih
* Position Schleife und Glocke

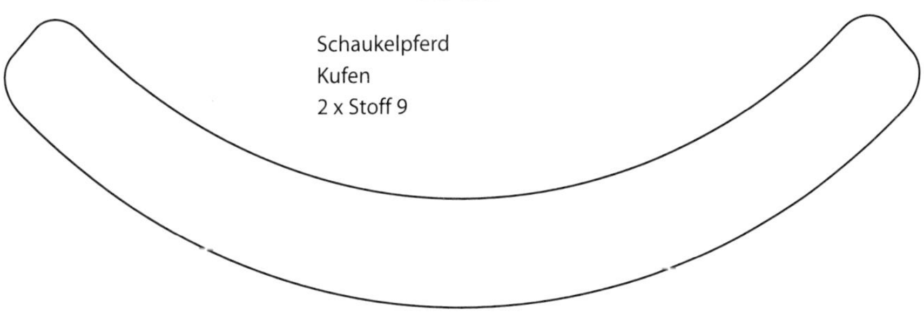

Schaukelpferd
Kufen
2 x Stoff 9

Elch
Geweih
2 x Stoff 8
(davon 1 x seitenverkehrt)

Baumschmuck, S. 12
(Originalgröße)

Kugel oben
2 x Stoff 1
inkl. 5 mm Nahtzugabe

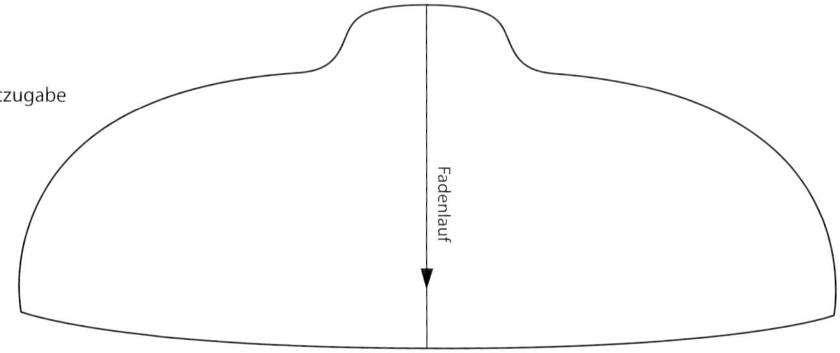

Gesicht
1 x Filz

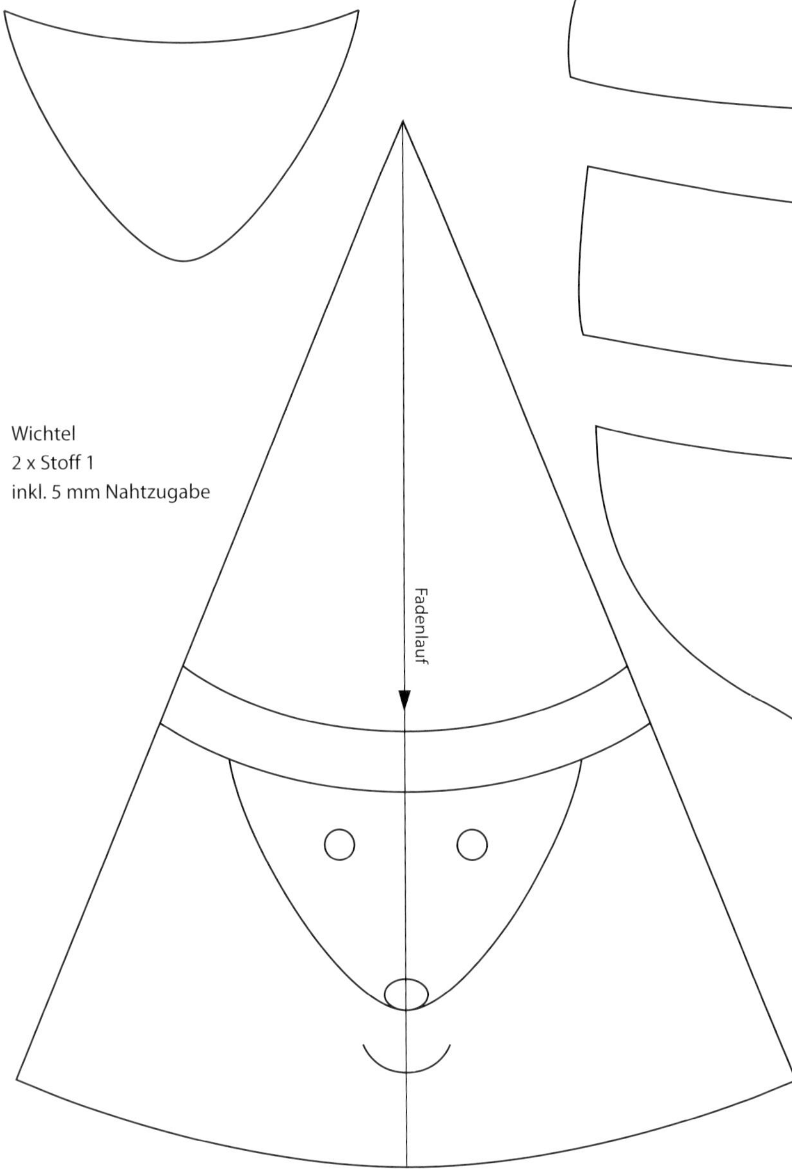

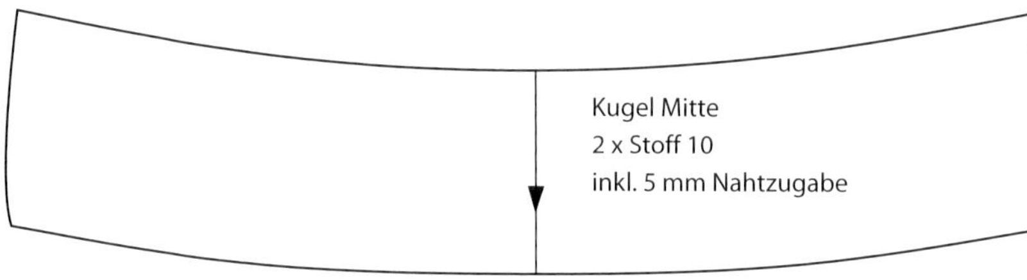

Kugel Mitte
2 x Stoff 10
inkl. 5 mm Nahtzugabe

Wichtel
2 x Stoff 1
inkl. 5 mm Nahtzugabe

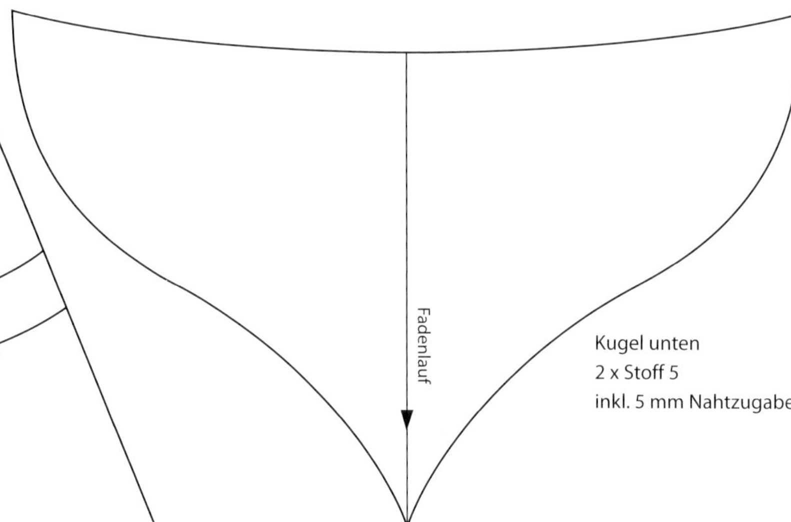

Kugel unten
2 x Stoff 5
inkl. 5 mm Nahtzugabe

Wichtel
Krempe
2 x Stoff 6

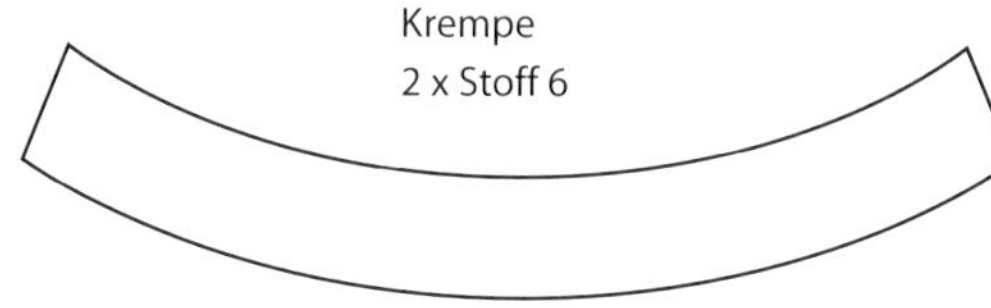

Baumschmuck, S. 12
(Originalgröße)

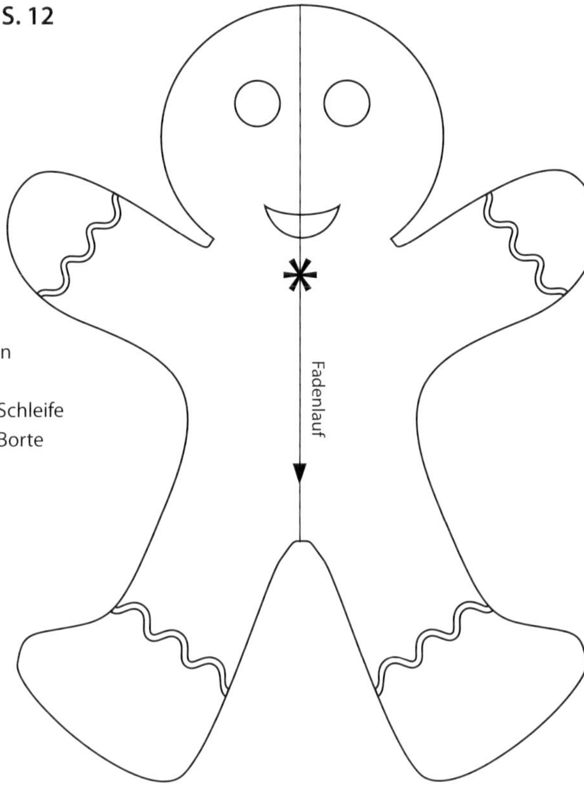

Lebkuchenmann
2 x Stoff 2
* Position Schleife
≈ Position Borte

Lebkuchenmann
Hand
2 x Stoff 7
(davon 1 x seitenverkehrt)

Lebkuchenmann
Fuß
2 x Stoff 7
(davon 1 x seitenverkehrt)

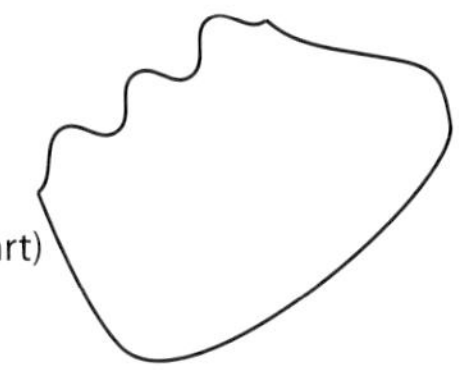

Tassenmanschette, S. 46 (Originalgröße)

Fliege
3 x Filz in Schwarz

3 x Filz in Braun
● Position Augen
.... Position Mund
Position Fliege
* Position Knöpfe
– – – Position Borte

Winterliche Dekokette, S. 15
(auf 200 % vergrößern)

Mütze
2 x hellrot gemusterter Stoff
– Markierung Aufhänger
inkl. 7 mm Nahtzugabe

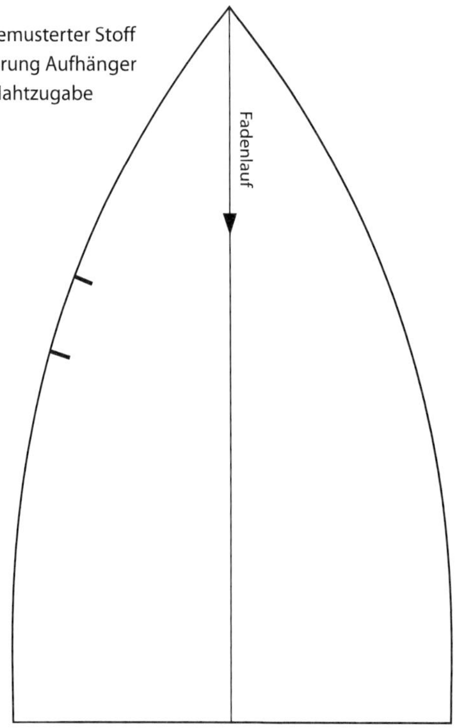

Schneemann
2 x weißer Stoff mit Sternen
(davon 1 x seitenverkehrt)
○ Position Auge
* Position Nase
– Position Aufhänger
● Position Knopf

Stern klein
2 x hellrot gemusterter Stoff

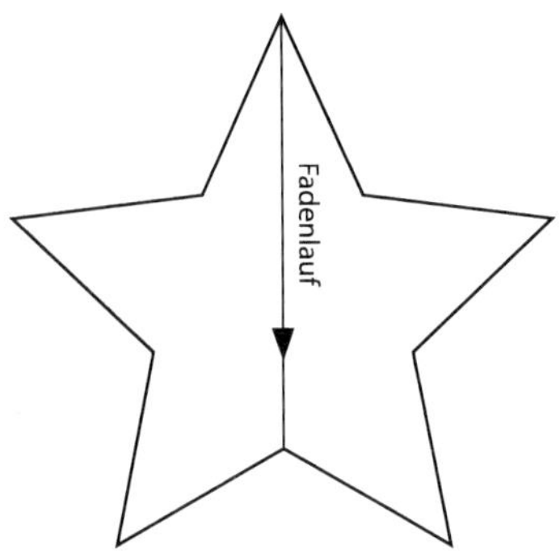

Stern groß
2 x dunkelroter Stoff
– Markierung Aufhänger

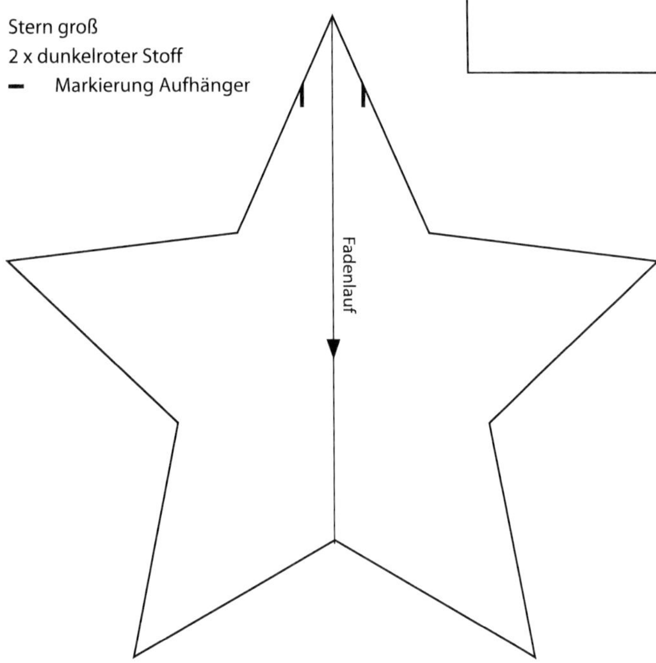

Stern mittel
2 x grüner Stoff mit Punkten

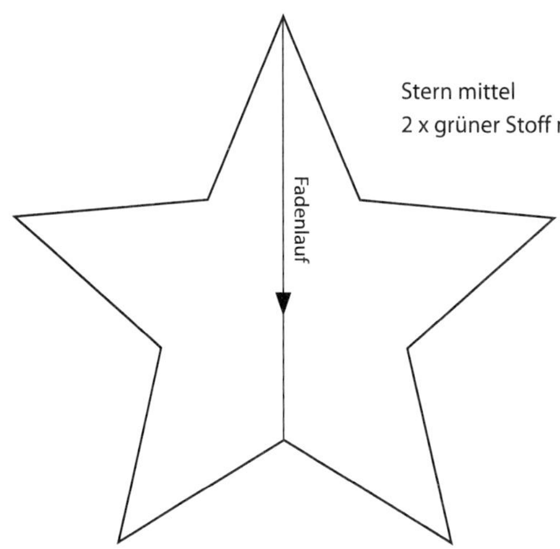

Winterliche Dekokette, S. 15 (auf 200 % vergrößern)

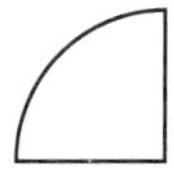

Schneemann
Nase
1 x Filz in Orange

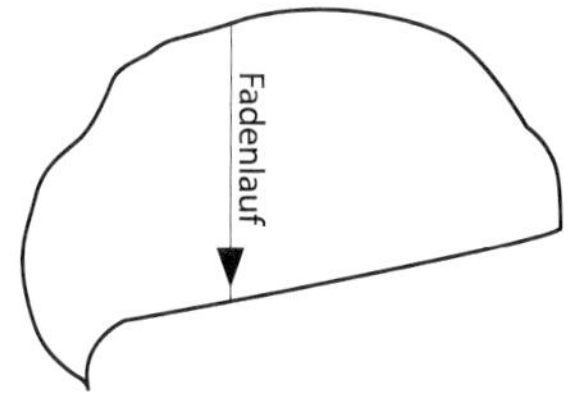

Schneemann
Mütze
2 x dunkelroter Stoff
(davon 1 x seitenverkehrt)

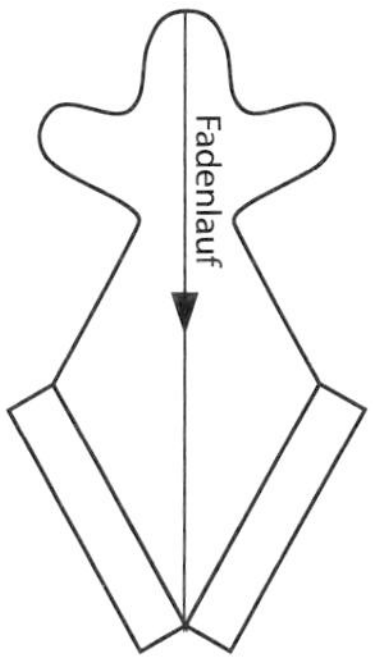

Schneeflocke
Stern klein
2 x weißer Stoff mit Sternen

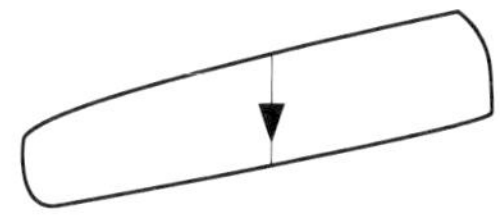

Schneemann
Mützenkrempe
2 x grüner Stoff mit Punkten
(davon 1 x seitenverkehrt)

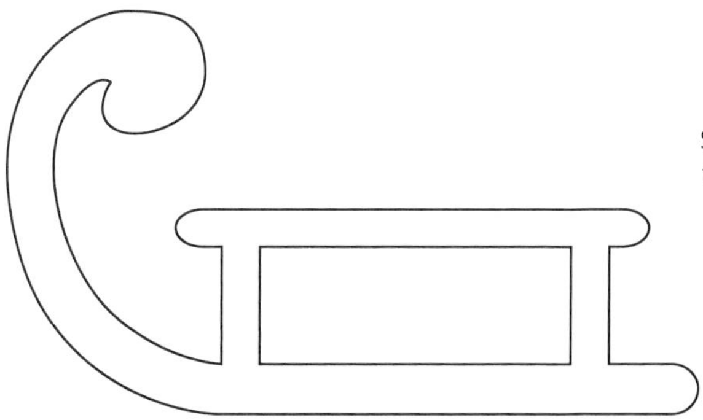

Schlitten
1 x Filz in Braun

Schneeflocke
6 x weißer Stoff mit Punkten
6 x hellblau gemusterter Stoff
inkl. 7 mm Nahtzugabe

Niedlicher Engel, S. 18 (auf 200 % vergrößern)

Haare
1 x Filz in Braun

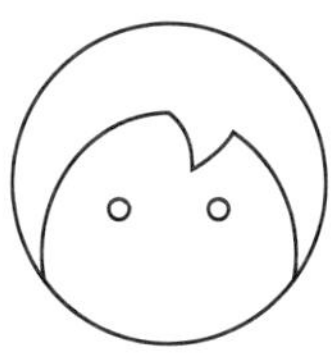

Kopf
1 x Filz in Braun
1 x Filz in Hautfarbe
1 x Volumenvlies

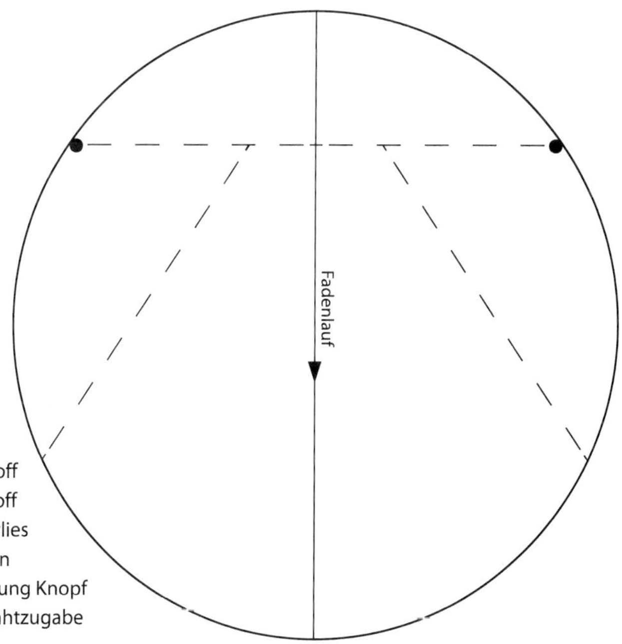

Flügel
2 x Filz in Weiß
1 x Volumenvlies

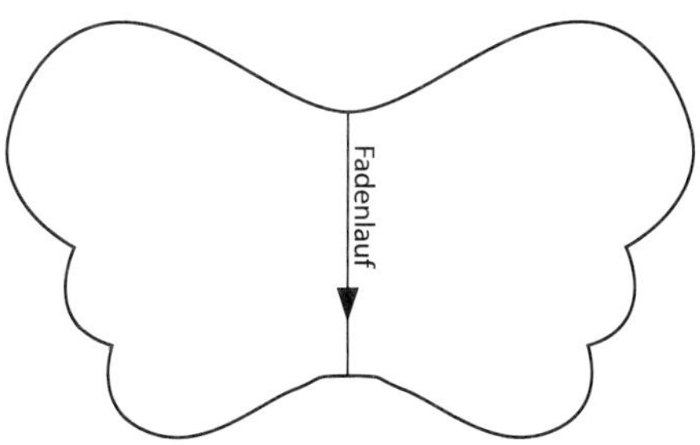

Mantel
1 x weißer Stoff
1 x grüner Stoff
1 x Volumenvlies
– – Faltlinien
● Markierung Knopf
inkl. 5 mm Nahtzugabe

Flaschenhusse „Weihnachtsmann“, S. 20
(auf 200 % vergrößern)

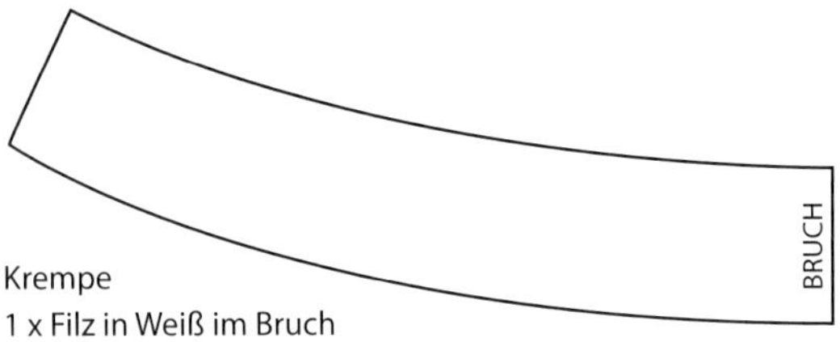

Krempe
1 x Filz in Weiß im Bruch

Gesicht
1 x Filz in Hautfarbe im Bruch
Markierung Auge
Markierung Nase

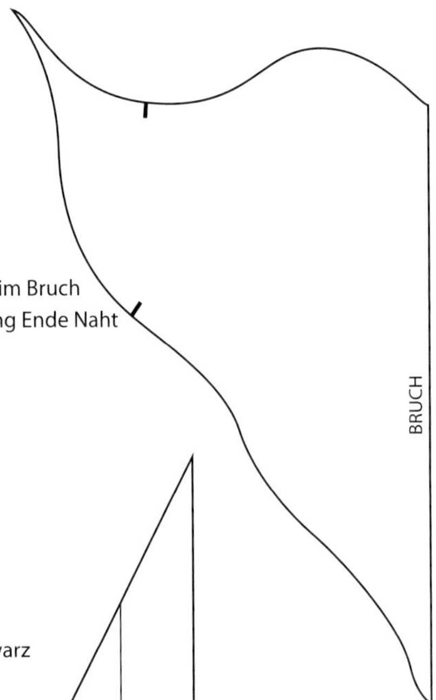

Bart
1 x Filz in Weiß im Bruch
Markierung Ende Naht

Auge
2 x Filz in Schwarz

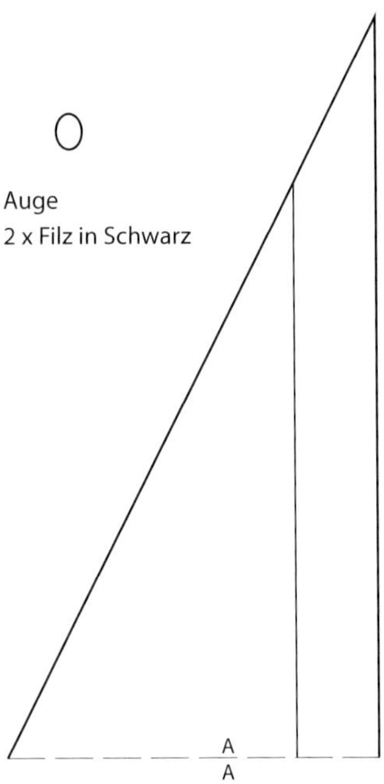

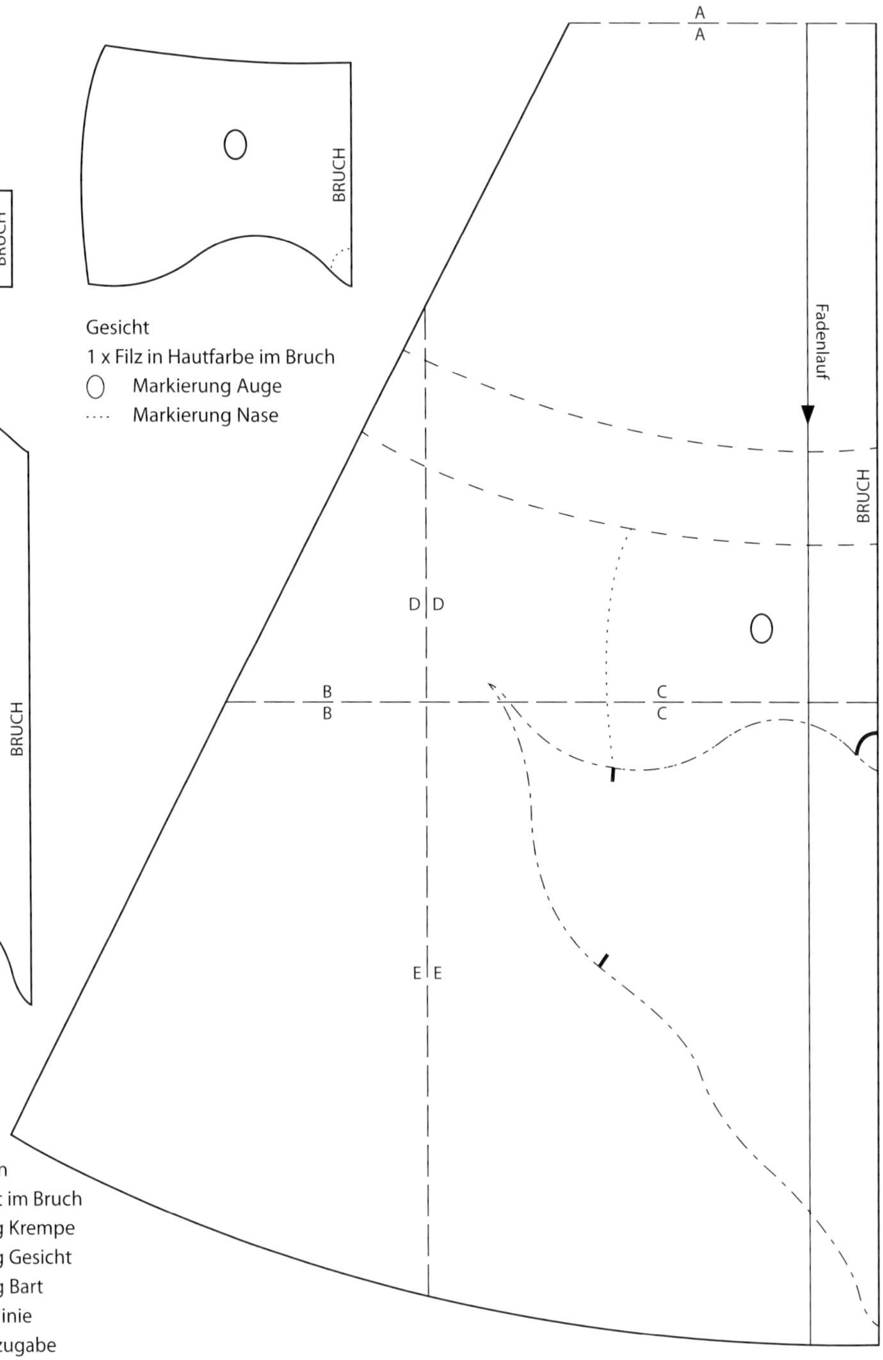

Weihnachtsmann
1 x Wollfilz in Rot im Bruch
- – – Markierung Krempe
· · · · Markierung Gesicht
-·-·- Markierung Bart
— — Kopierhilfslinie
inkl. 7 mm Nahtzugabe

Tischset, S. 36 (auf 200 % vergrößern)

2 x Filz
– – Kopierhilfslinie

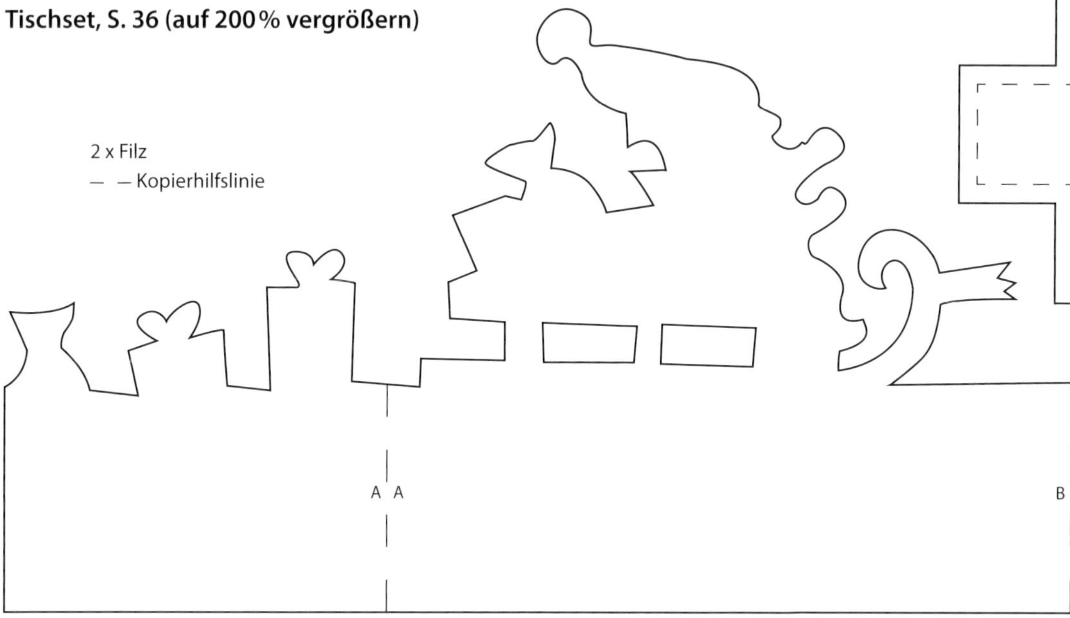

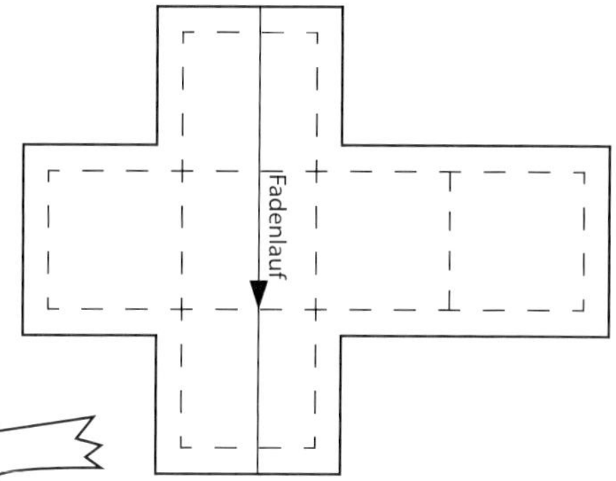

Päckchen
2 x Stoff mit Sternenmuster
2 x Bügeleinlage
inkl. 5 mm Nahtzugabe

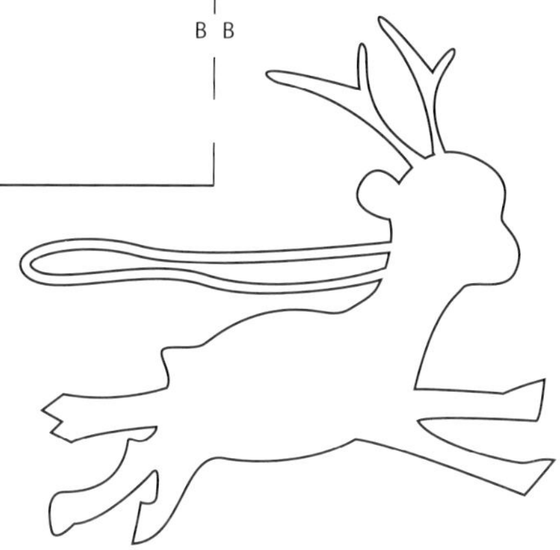

Rentier
2 x Filz

Dekoanhänger „Eicheln“, S. 44 (auf 200 % vergrößern)

Eichel klein
Fruchtbecher
8 x violetter Stoff mit Punkten
inkl. 5 mm Nahtzugabe

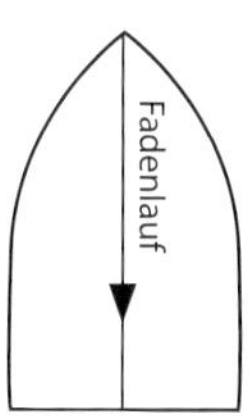

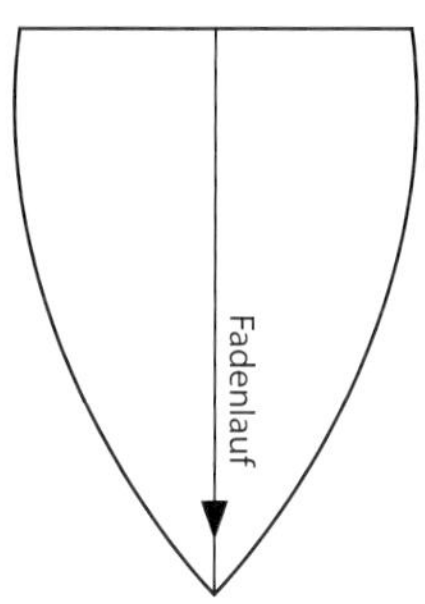

Eichel klein
4 x rosafarbener Stoff mit Sternenmuster
inkl. 5 mm Nahtzugabe

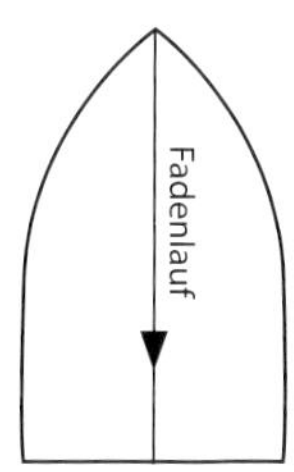

Eichel groß
Fruchtbecher
8 x beige-goldfarbener Stoff
inkl. 5 mm Nahtzugabe

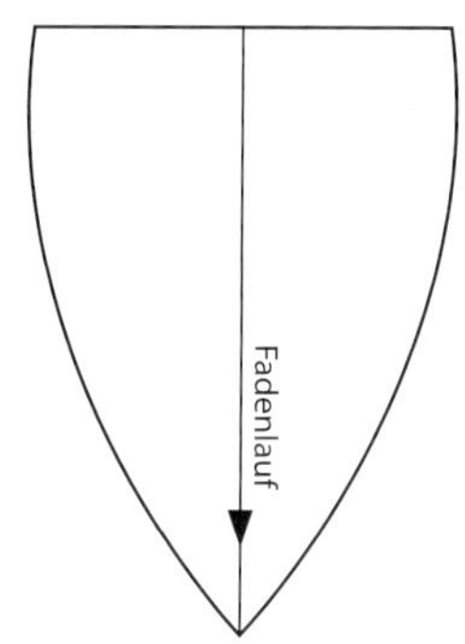

Eichel groß
4 x beigefarbener Stoff mit Rautenmuster
inkl. 5 mm Nahtzugabe

Nikolausstiefel, S. 22 (auf 200 % vergrößern)

Krempe
2 x grauer Stoff
(davon 1 x seitenverkehrt)
▬ Markierung Quaste
inkl. 1 cm Nahtzugabe

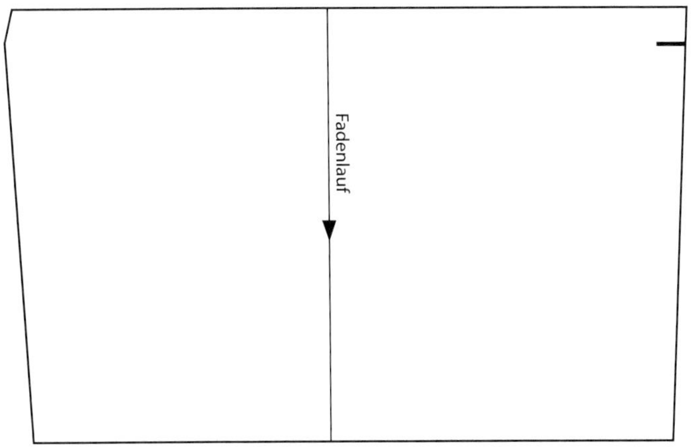

Stiefel
innen
2 x Plüsch
(davon 1 x seitenverkehrt)
〓 Markierung Samtband
– – Kopierhilfslinie
inkl. 1 cm Nahtzugabe

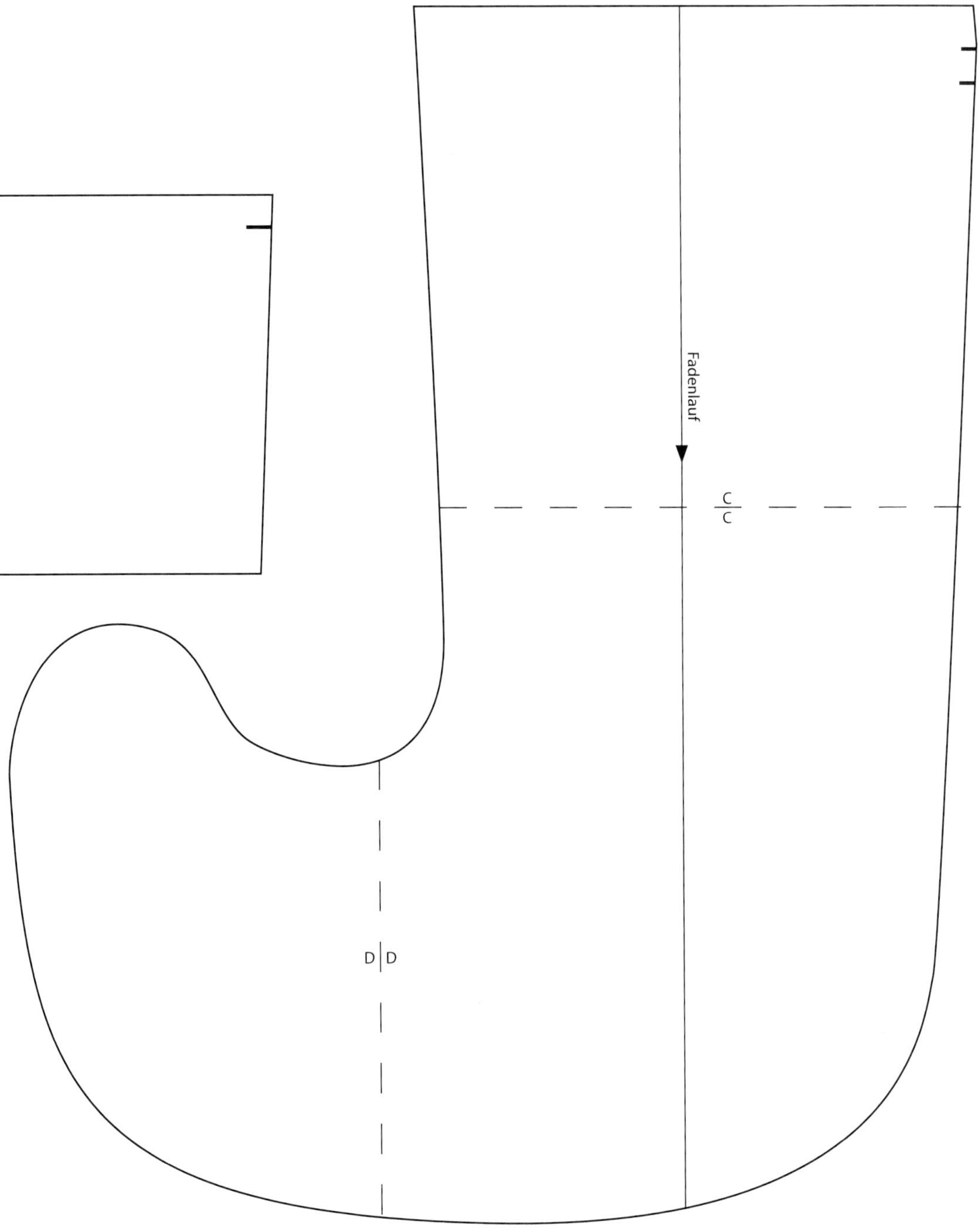

Nikolausstiefel, S. 22 (auf 200 % vergrößern)

Spitze
2 x grauer Stoff
(davon 1 x seitenverkehrt)
inkl. 1 cm Nahtzugabe

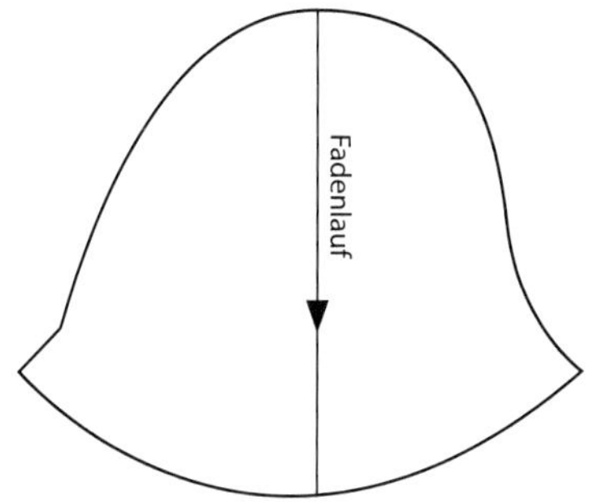

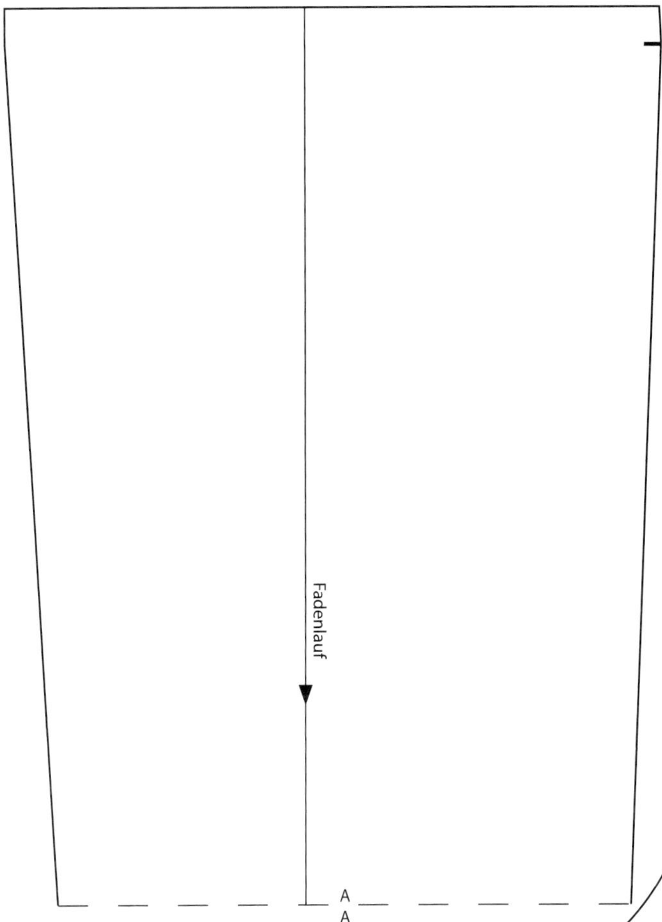

Stiefel
2 x weißer Stoff
(davon 1 x seitenverkehrt)
▬ Markierung Quaste
– – Kopierhilfslinie
inkl. 1 cm Nahtzugabe

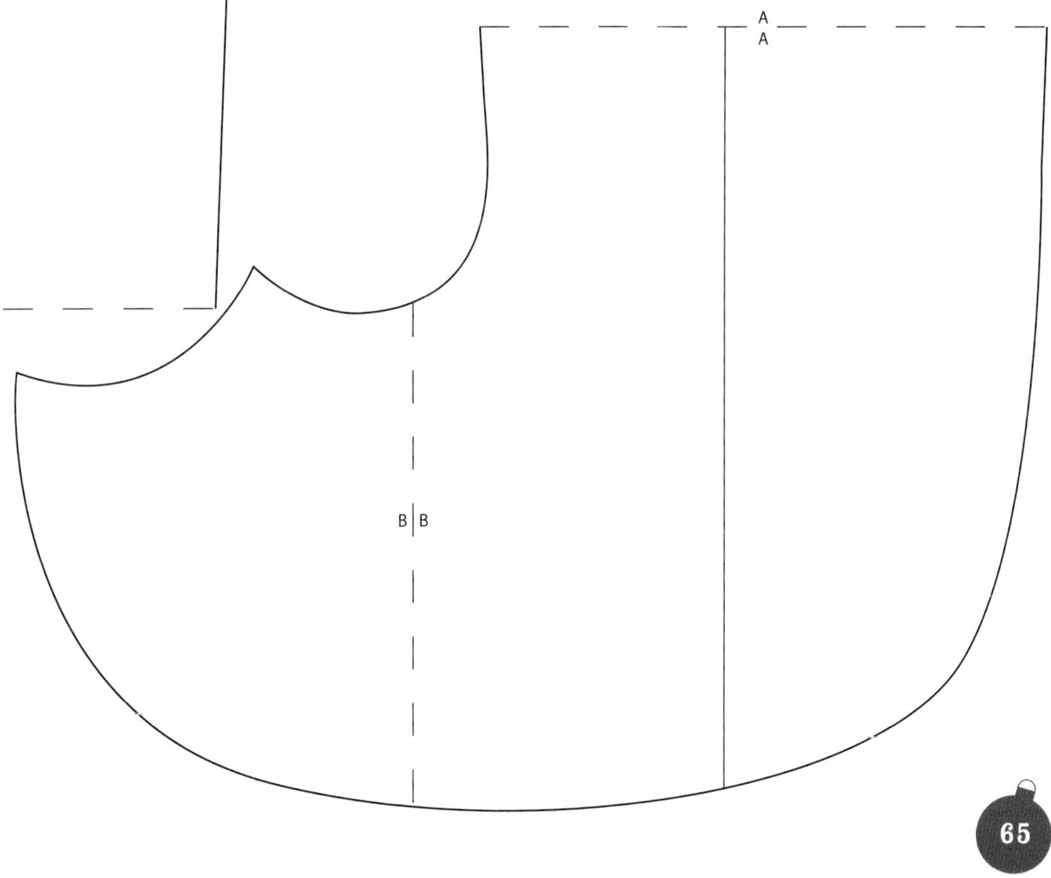

Weihnachtsbäumchen, S. 24 (auf 200 % vergrößern)

Futter
1 x Paillettenstoff im Bruch
– – Kopierhilfslinie
inkl. 1 cm Nahtzugabe

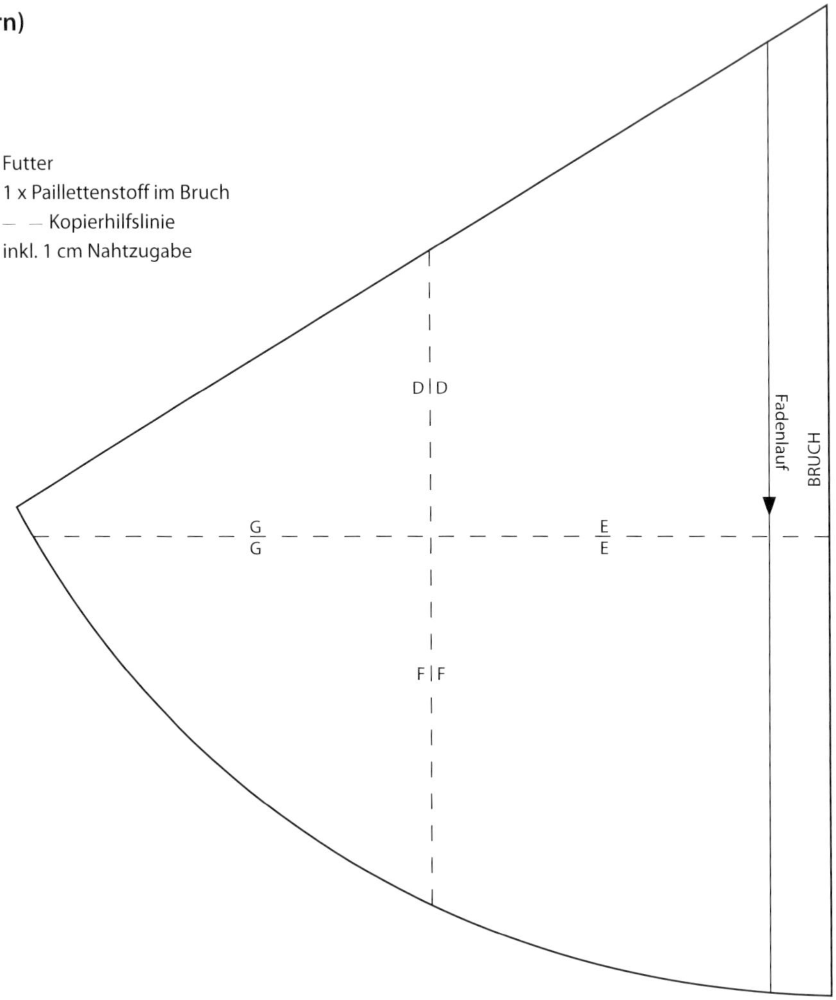

Stern
1 x Filz

Weihnachtsbaum
Mitte oben
1 x gepunkteter Stoff
1 x Bügeleinlage
– – Kopierhilfslinie
inkl. 1 cm Nahtzugabe

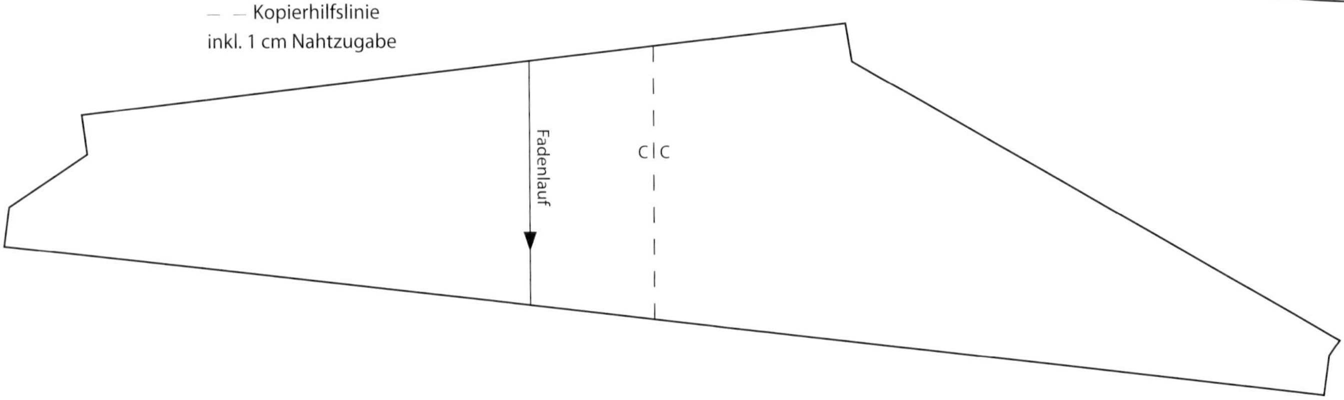

Weihnachtsbäumchen, S. 24 (auf 200 % vergrößern)

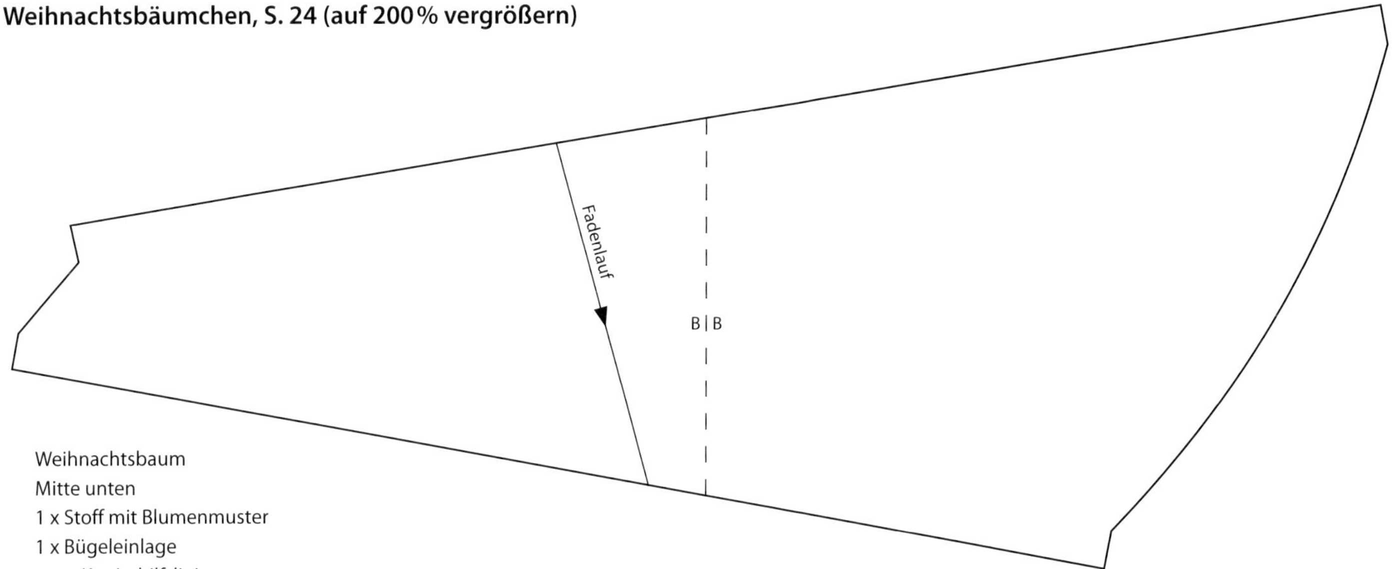

Weihnachtsbaum
Mitte unten
1 x Stoff mit Blumenmuster
1 x Bügeleinlage
– – Kopierhilfslinie
inkl. 1 cm Nahtzugabe

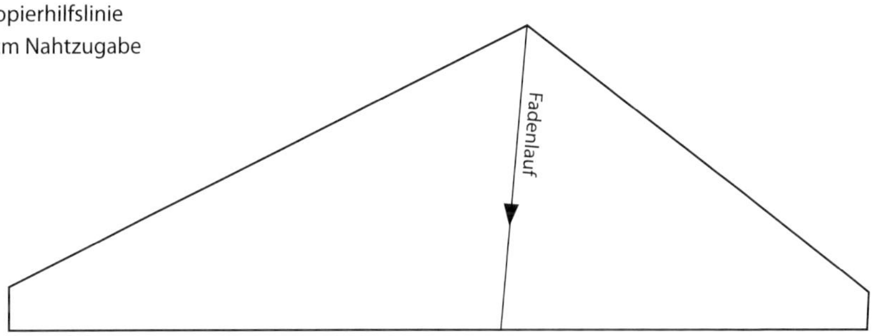

Weihnachtsbaum
oben
1 x Paillettenstoff
1 x Bügeleinlage
inkl. 1 cm Nahtzugabe

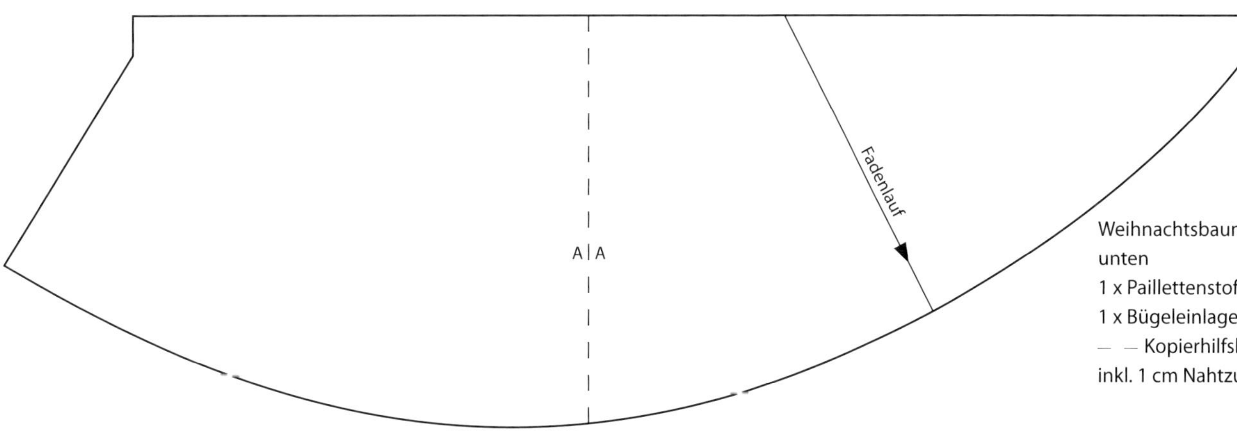

Weihnachtsbaum
unten
1 x Paillettenstoff
1 x Bügeleinlage
– – Kopierhilfslinie
inkl. 1 cm Nahtzugabe

Elchtrophäe, S. 26
(auf 200 % vergrößern)

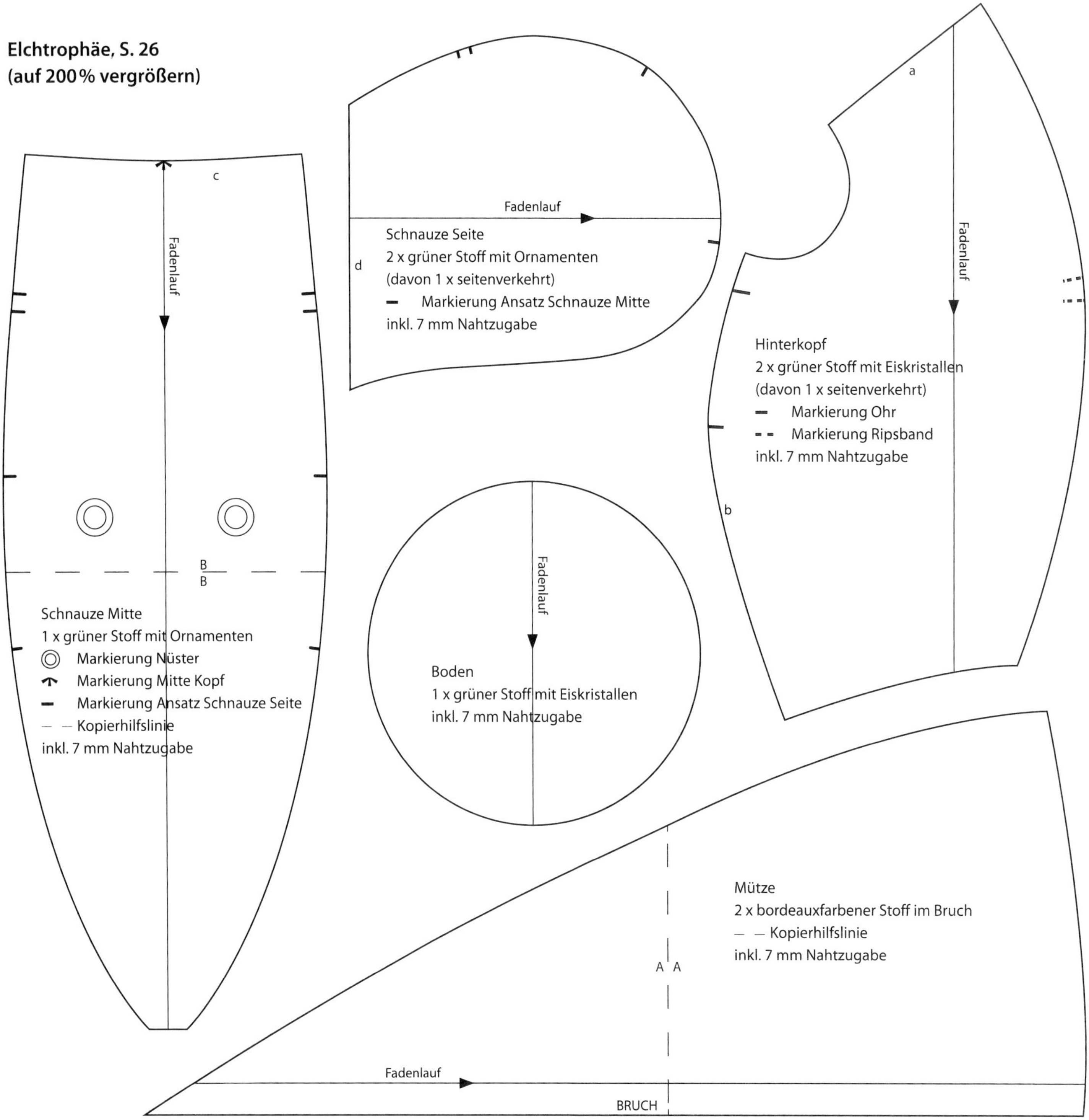

Elchtrophäe, S. 26
(auf 200 % vergrößern)

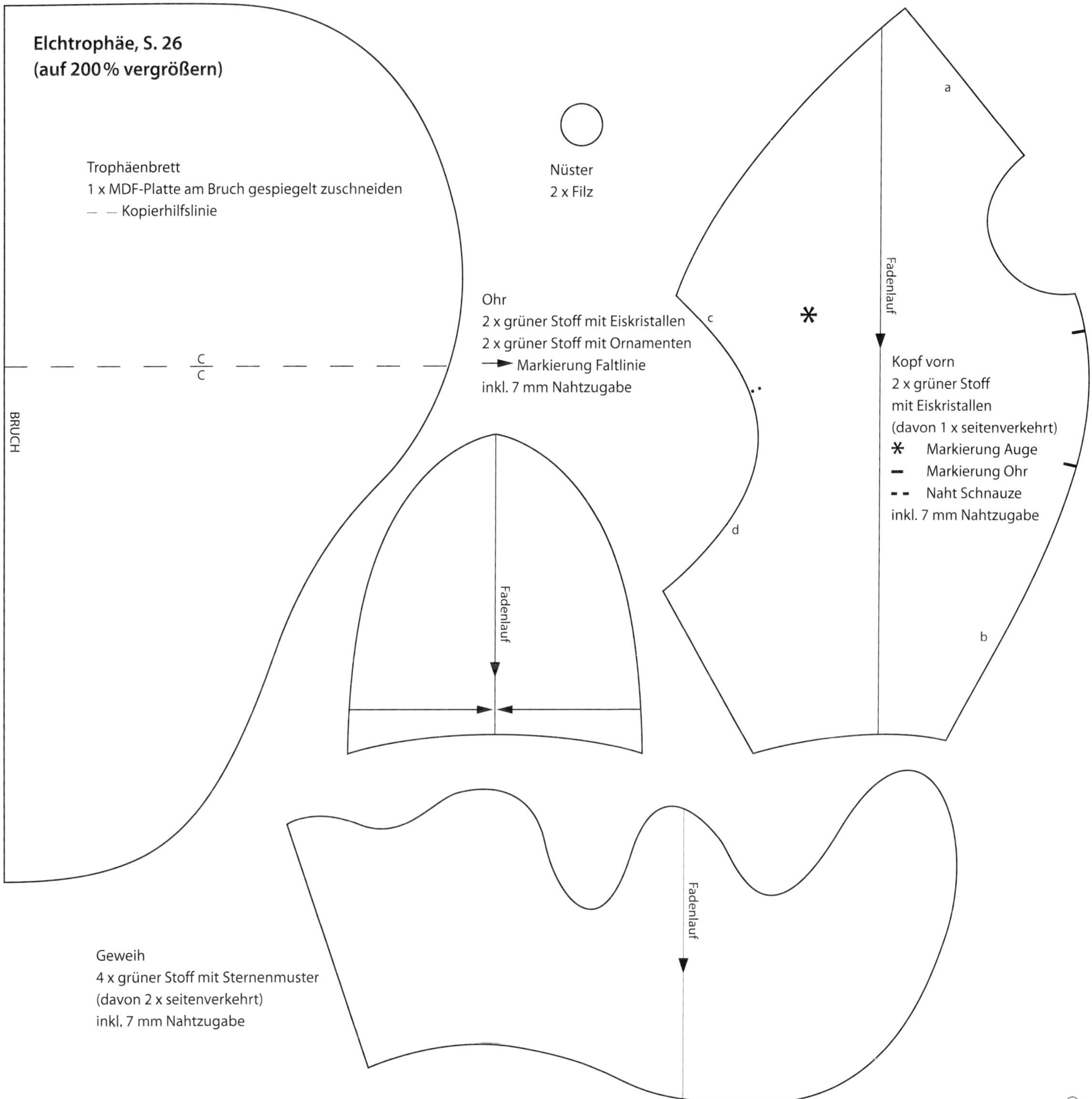

Geschenkanhänger, S. 29 (Originalgröße)

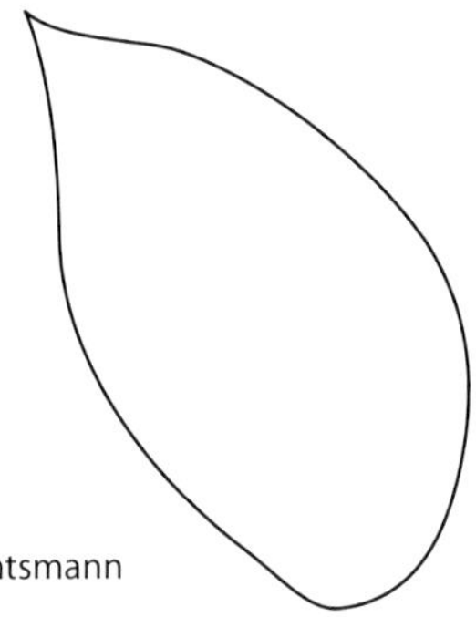

Weihnachtsmann
Sack
1 x Papier in Rot

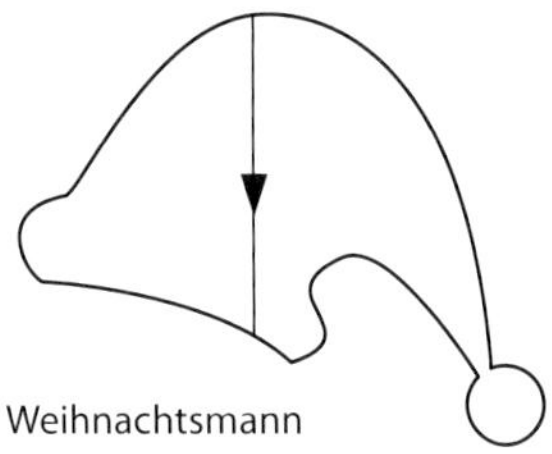

Weihnachtsmann
Mütze
2 x Stoff 1
(davon 1 x seitenverkehrt)

Weihnachtsmann
2 x Stoff 2
(davon 1 x seitenverkehrt)
– – Position Sack
- – - Position Mütze
◎ Position Öse

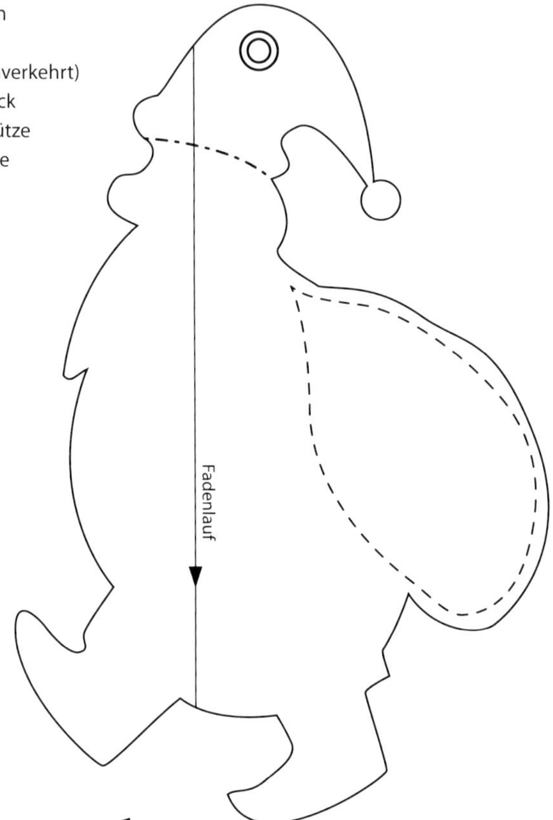

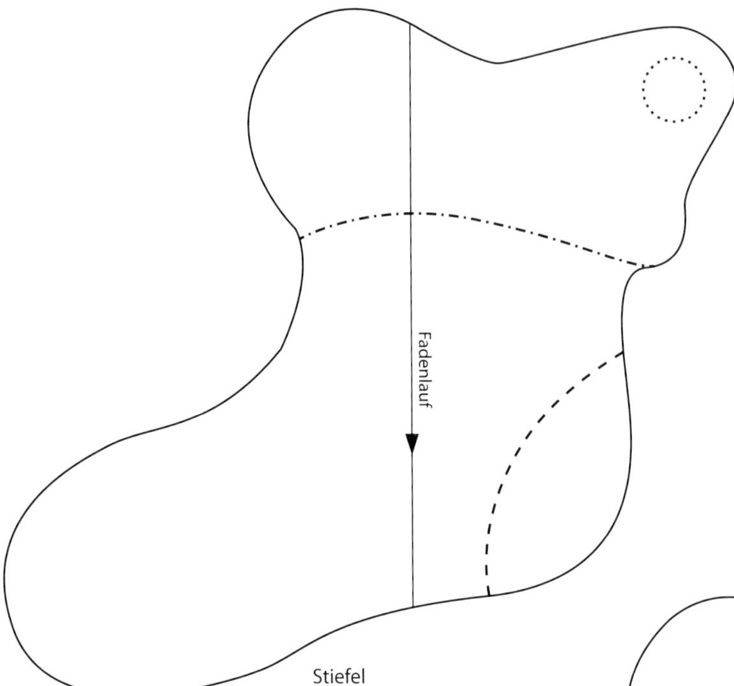

Stiefel
2 x Stoff 3
(davon 1 x seitenverkehrt)
– – Position Ferse
- – - Position Krempe
◌ Position Öse

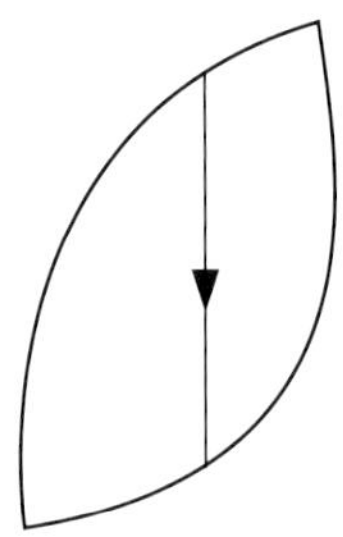

Stiefel
Ferse
2 x Stoff 2
(davon 1 x seitenverkehrt)

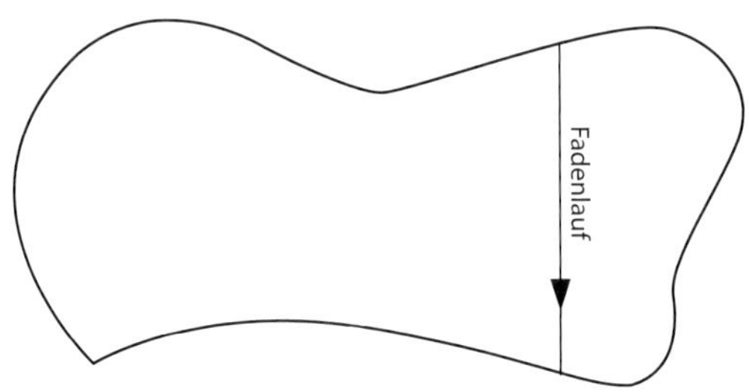

Stiefel
Krempe
2 x Stoff 1
(davon 1 x seitenverkehrt)

Geschenkanhänger, S. 29 (Originalgröße)

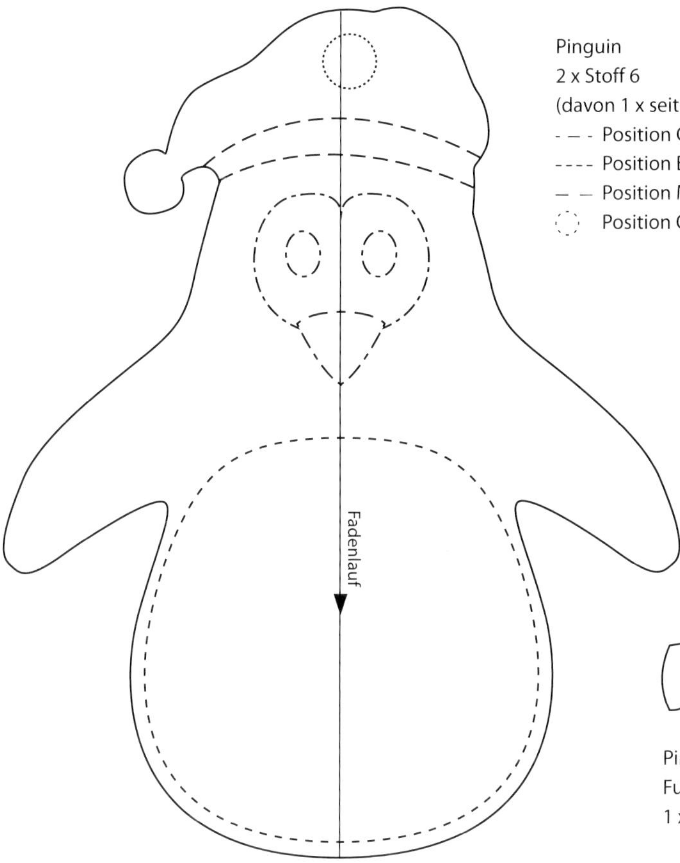

Pinguin
2 x Stoff 6
(davon 1 x seitenverkehrt)
- – - Position Gesicht
---- Position Bauch
– – Position Mützenkrempe
◌ Position Öse

Pinguin
Schnabel
1 x Filz in Gelb

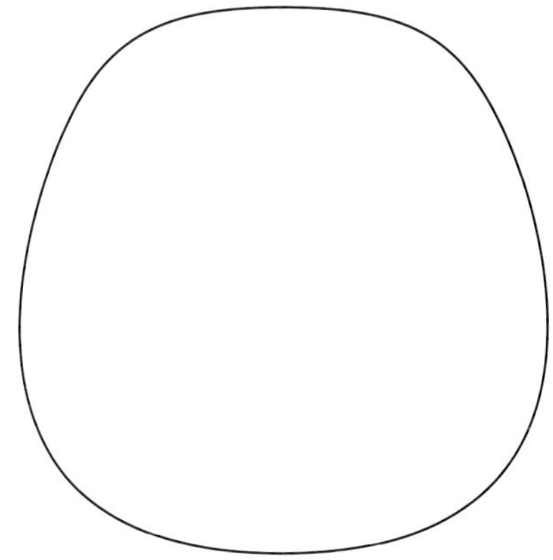

Pinguin
Bauch
1 x Papier in Türkis

Pinguin
Auge
2 x Filz in Schwarz

Pinguin
Fuß
1 x Filz in Gelb

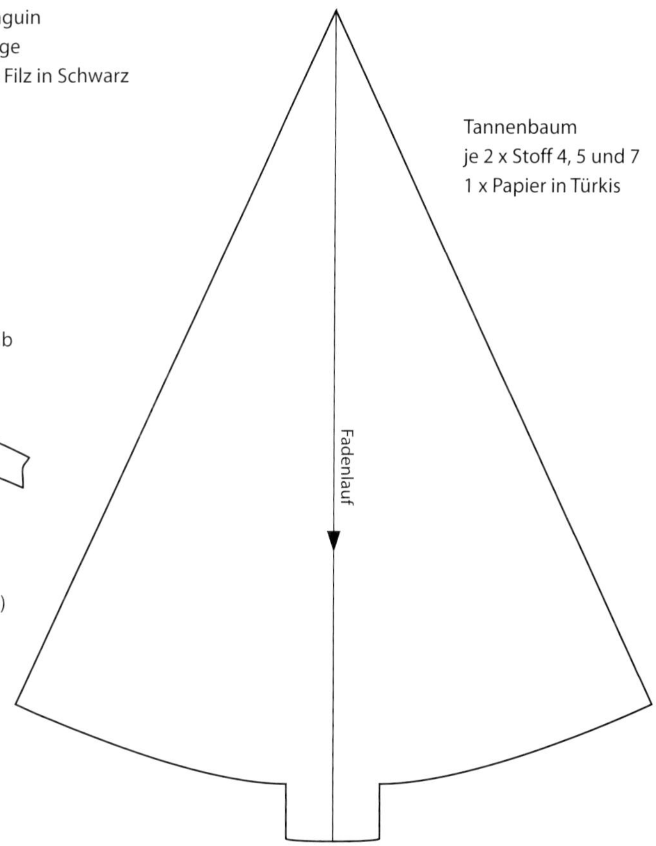

Tannenbaum
je 2 x Stoff 4, 5 und 7
1 x Papier in Türkis

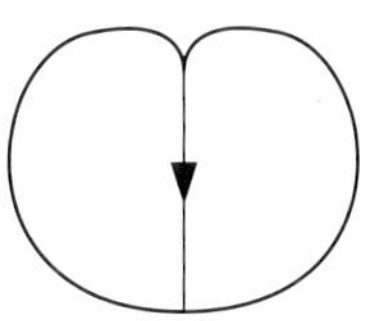

Pinguin
Gesicht
1 x Stoff 8

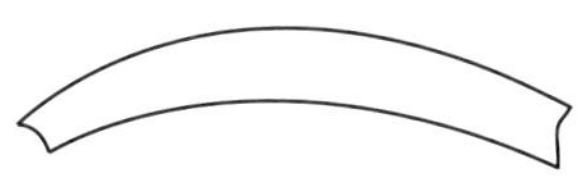

Pinguin
Mützenkrempe
2 x Stoff 5
(davon 1 x seitenverkehrt)

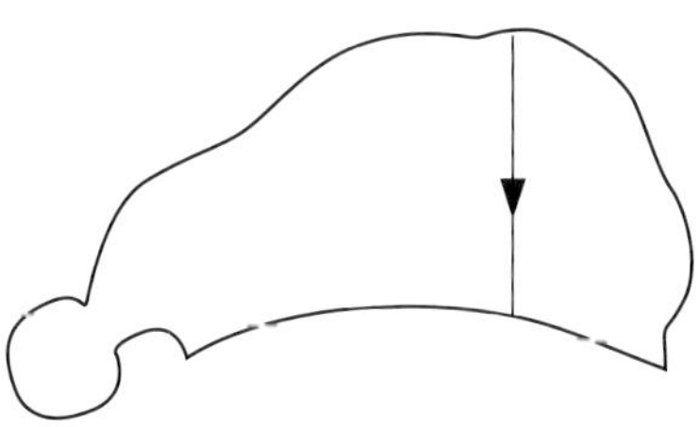

Pinguin
Mütze
2 x Stoff 4
(davon 1 x seitenverkehrt)

Christbaumkugeln, S. 34
(Originalgröße)

Weihnachtszapfen
je 6 x pro Zapfen
inkl. 7 mm Nahtzugabe

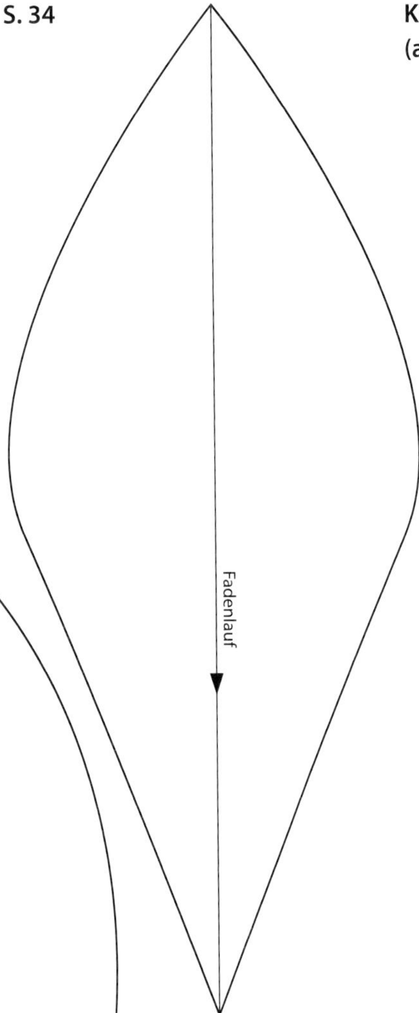

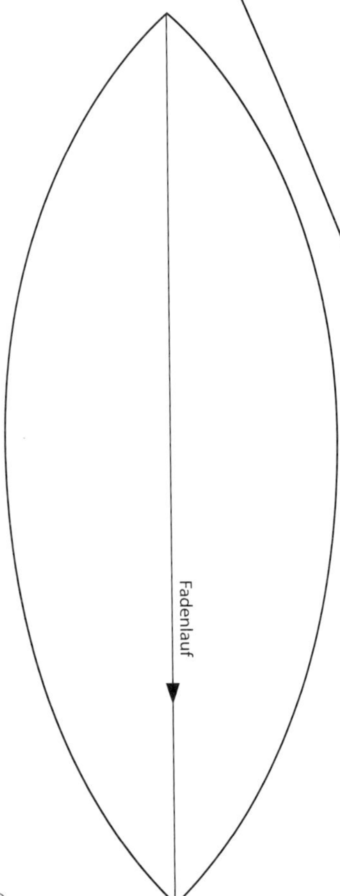

Weihnachtskugel
je 6 x pro Kugel
inkl. 7 mm Nahtzugabe

Kissen „Weihnachtskugel“, S. 32
(auf 200 % vergrößern)

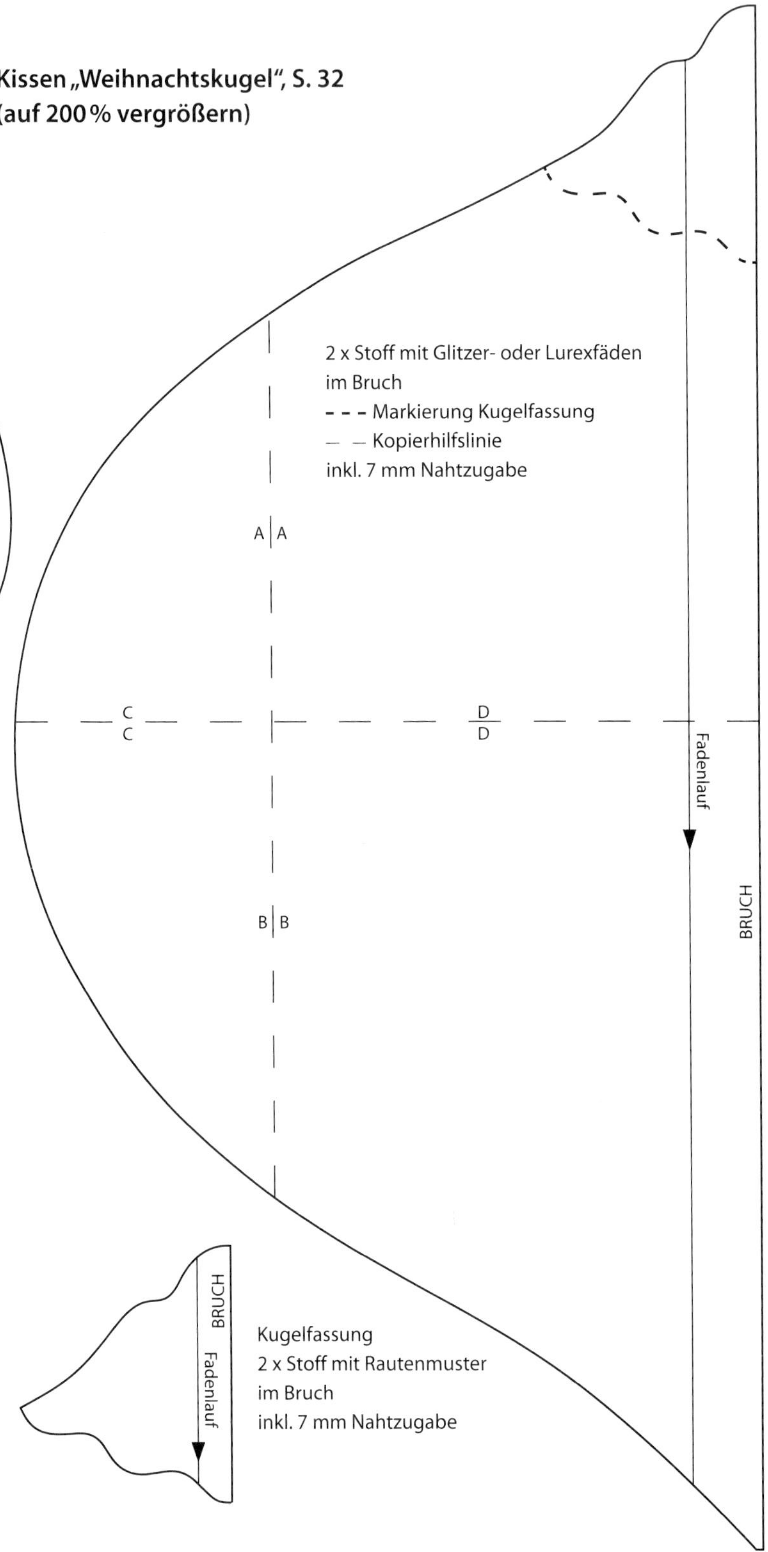

2 x Stoff mit Glitzer- oder Lurexfäden
im Bruch
- - - Markierung Kugelfassung
— — Kopierhilfslinie
inkl. 7 mm Nahtzugabe

Kugelfassung
2 x Stoff mit Rautenmuster
im Bruch
inkl. 7 mm Nahtzugabe

Winterdörfchen, S. 48
(Originalgröße)

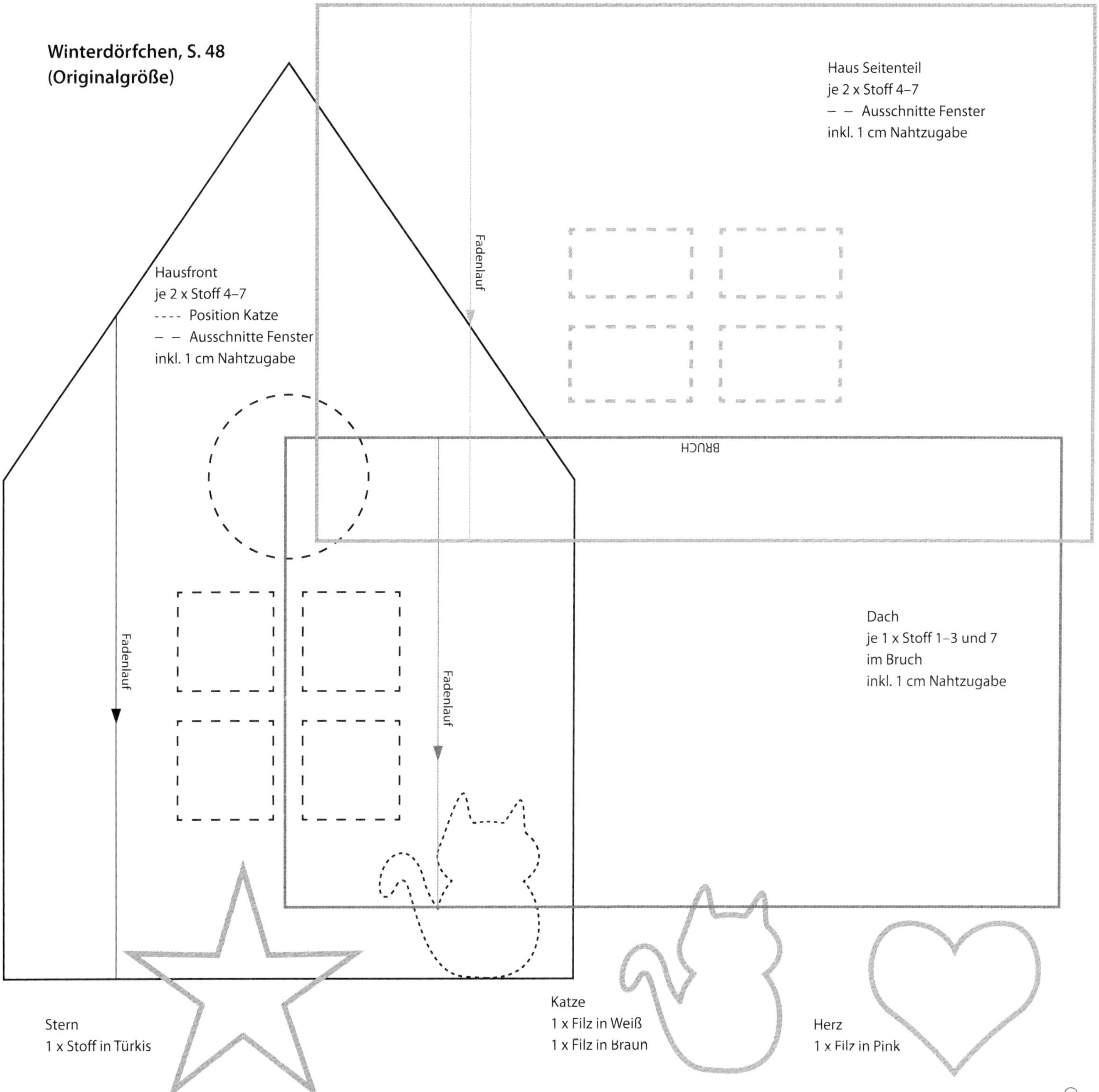

Elch-Zugluftstopper, S. 39 (auf 200 % vergrößern)

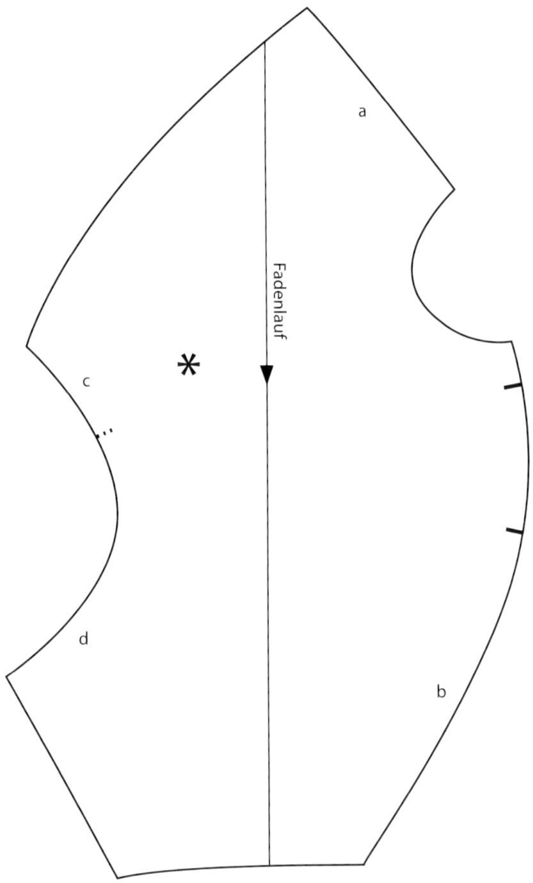

Kopf vorn
2 x braunes Fleece
(davon 1 x seitenverkehrt)
* Markierung Auge
– Markierung Ohr
··· Markierung Naht Schnauze
inkl. 7 mm Nahtzugabe

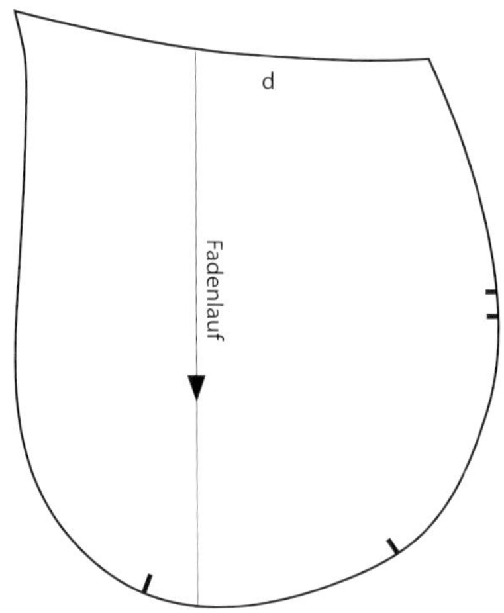

Schnauze Seite
2 x braunes Fleece
(davon 1 x seitenverkehrt)
– Markierung Ansatz Schnauze Mitte
inkl. 7 mm Nahtzugabe

Hinterkopf
2 x braunes Fleece
(davon 1 x seitenverkehrt)
– Markierung Ohr
inkl. 7 mm Nahtzugabe

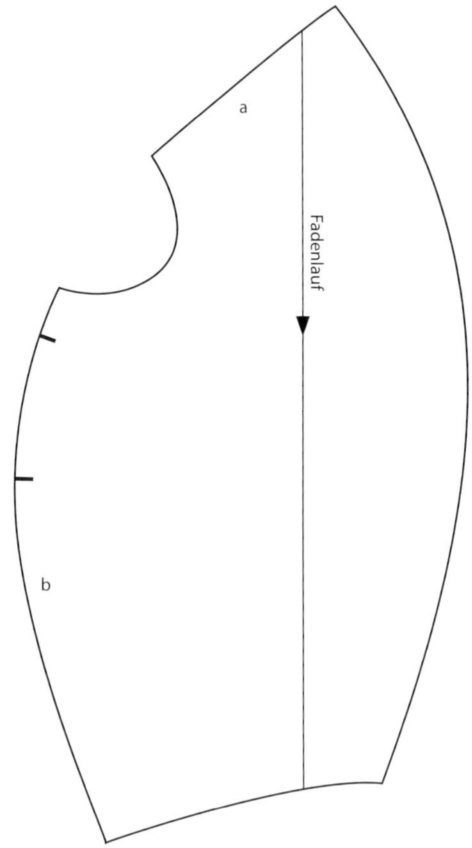

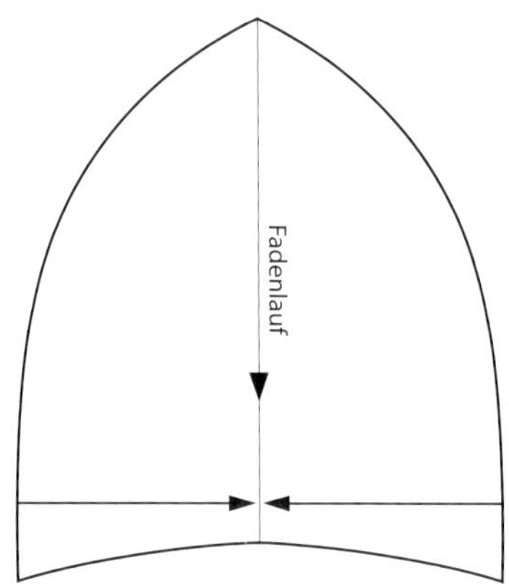

Ohr
2 x braunes Fleece
2 x braun gepunkteter Stoff
→ Markierung Faltlinie
inkl. 7 mm Nahtzugabe

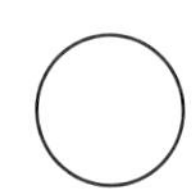

Auge
2 x Filz

Elch-Zugluftstopper, S. 39 (auf 200 % vergrößern)

Schnauze Mitte
1 x braunes Fleece
– Markierung Ansatz Schnauze Seite
◎ Markierung Nüster
inkl. 7 mm Nahtzugabe

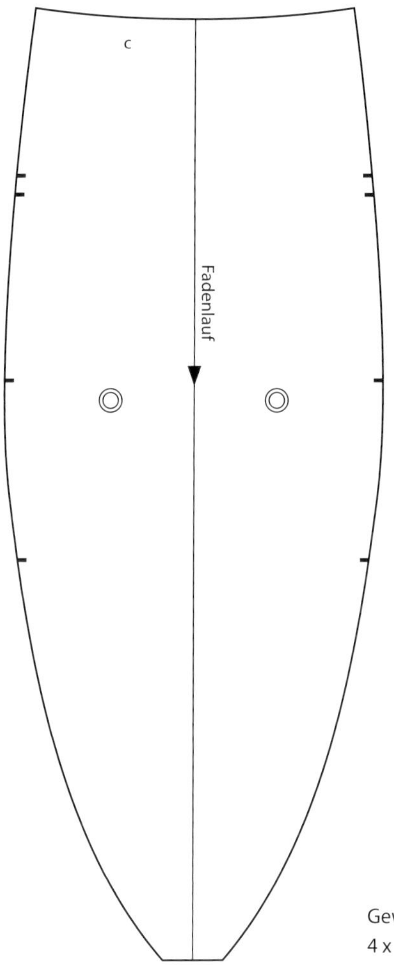

Sohle
2 x brauner Samt
inkl. 7 mm Nahtzugabe

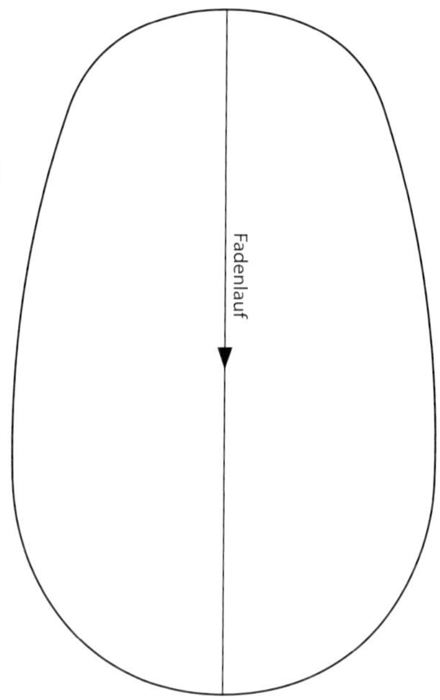

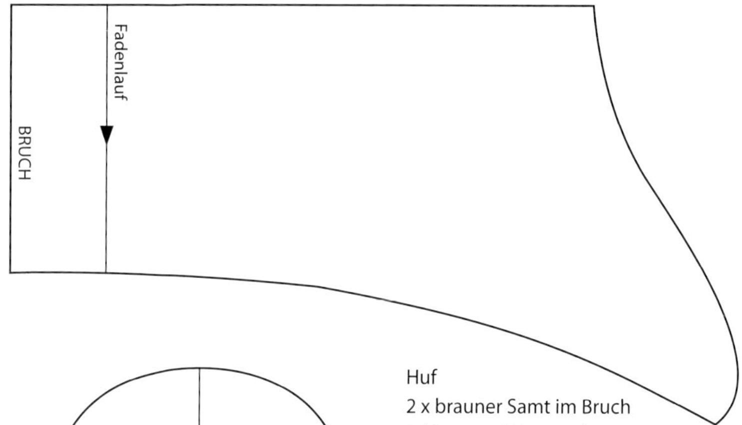

Huf
2 x brauner Samt im Bruch
inkl. 7 mm Nahtzugabe

Nüster
2 x Filz

Geweih
4 x braun gepunkteter Stoff
(davon 2 x seitenverkehrt)
inkl. 7 mm Nahtzugabe

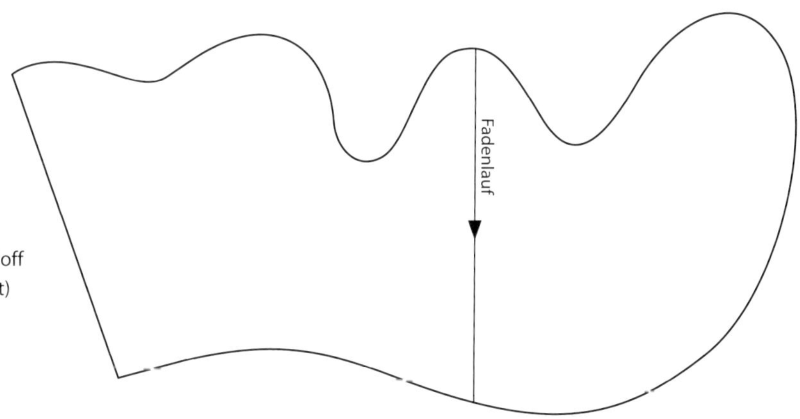

Krippenszene, S. 42 (Originalgröße)

Esel
1 x Filz in Grau

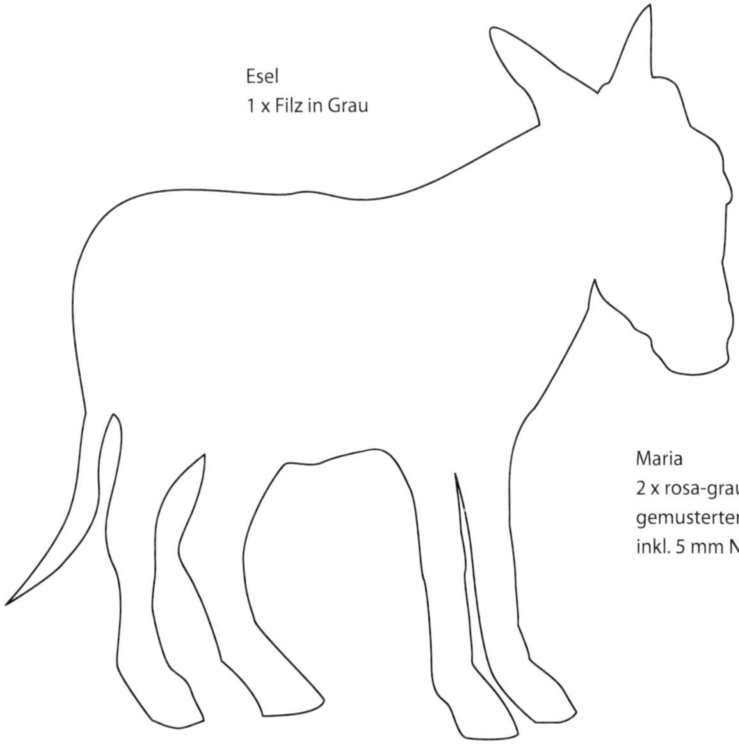

Maria
2 x rosa-grau
gemusterter Stoff
inkl. 5 mm Nahtzugabe

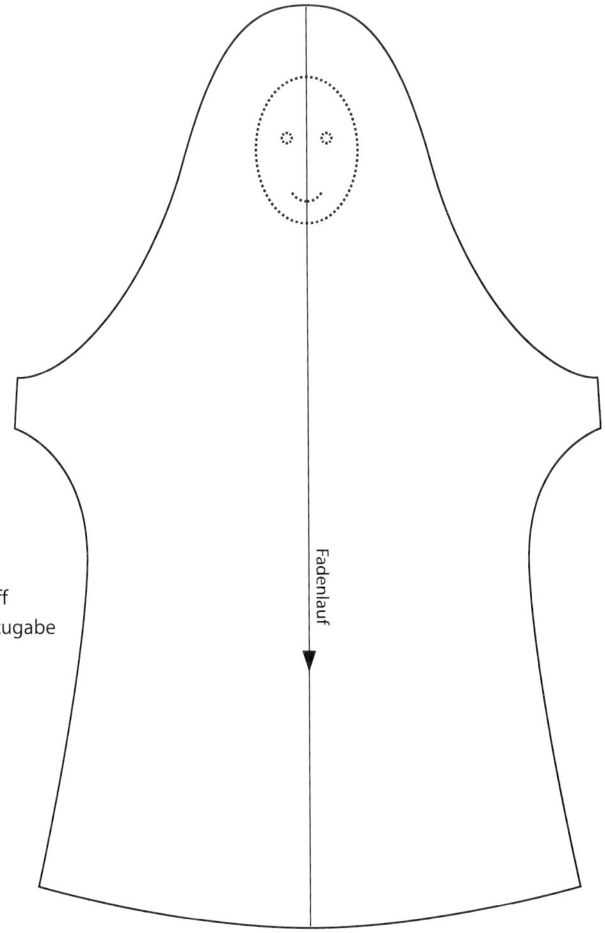

Jesus Decke
2 x hellblau gepunkteter Stoff
inkl. 5 mm Nahtzugabe

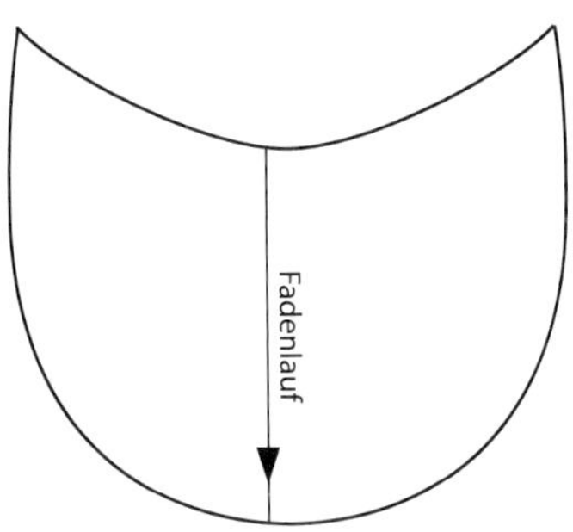

Maria Gesicht
1 x rosa gepunkteter Stoff
inkl. 5 mm Nahtzugabe

Krippe
1 x Filz in Dunkelbraun

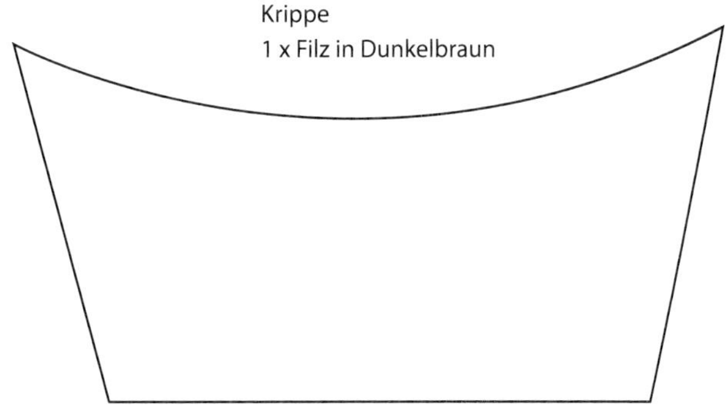

Krippenszene, S. 42 (Originalgröße)

Jesus
2 x hellblau gepunkteter Stoff
– – Position Decke
······ Position Gesicht
inkl. 5 mm Nahtzugabe

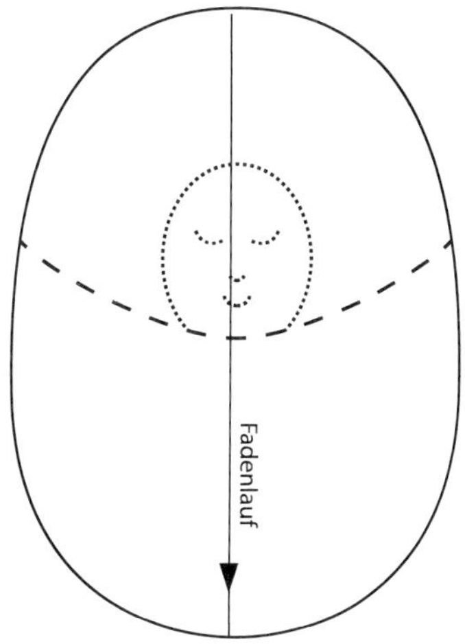

Sternschnuppe
1 x Filz in Gelb

Josef
2 x grauer Stoff mit Zacken
inkl. 5 mm Nahtzugabe

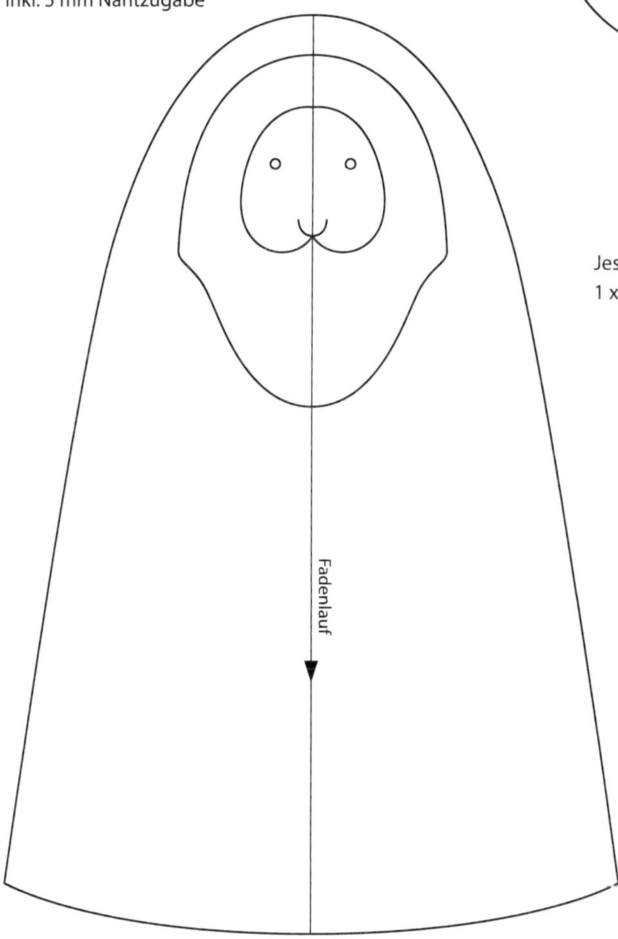

Jesus Gesicht
1 x rosa gepunkteter Stoff

Josef Gesicht
1 x rosa gepunkteter Stoff
inkl. 5 mm Nahtzugabe

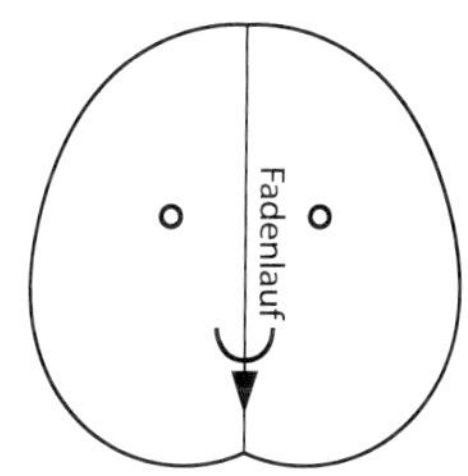

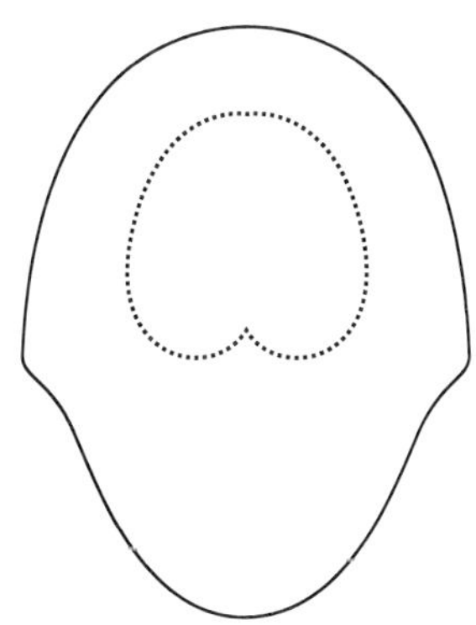

Josef Haare/Bart
1 x Filz in Hellbraun

Weihnachtsmann, S. 52
(Originalgröße)

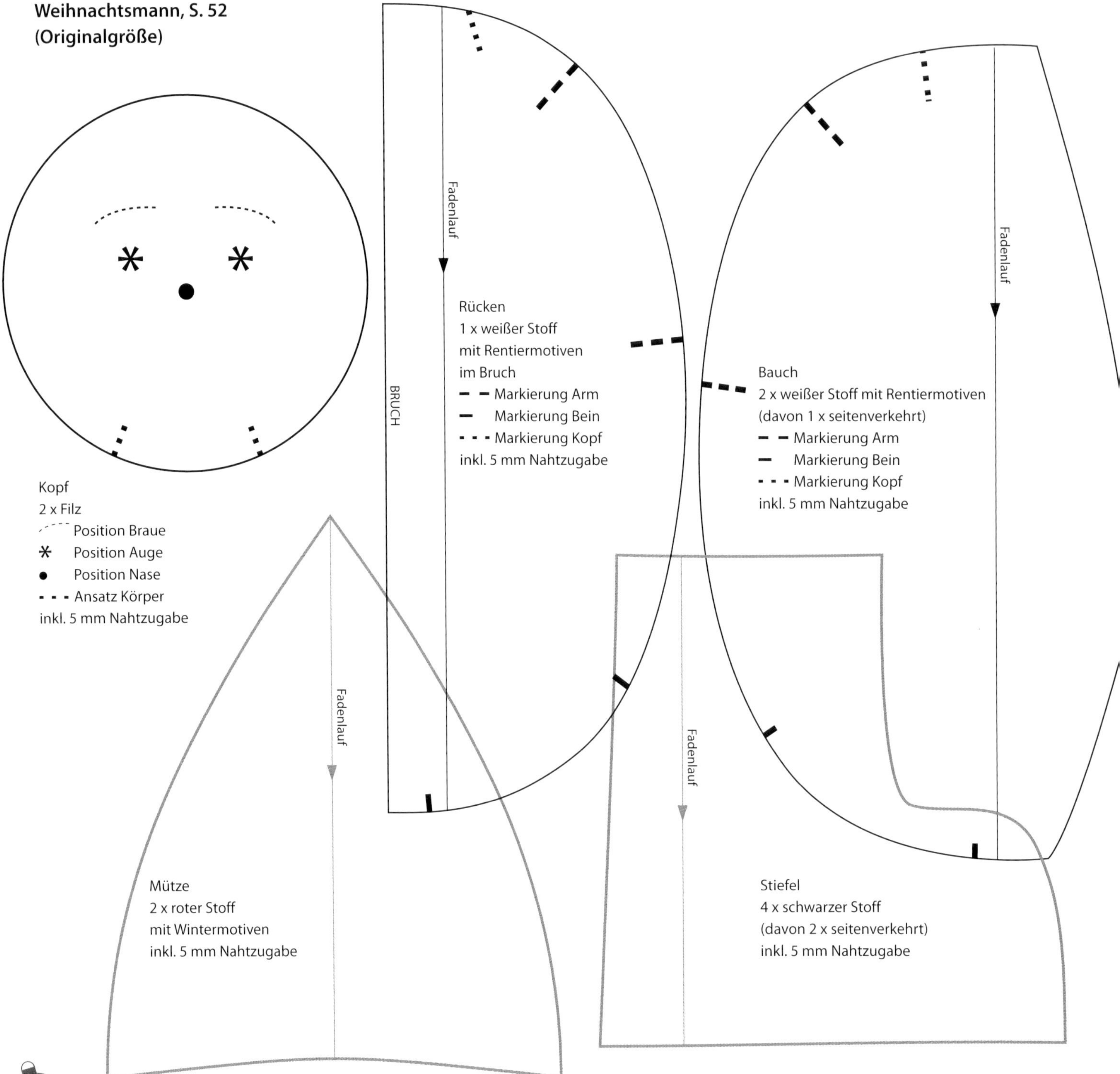

Weihnachtsmann, S. 52
(Originalgröße)

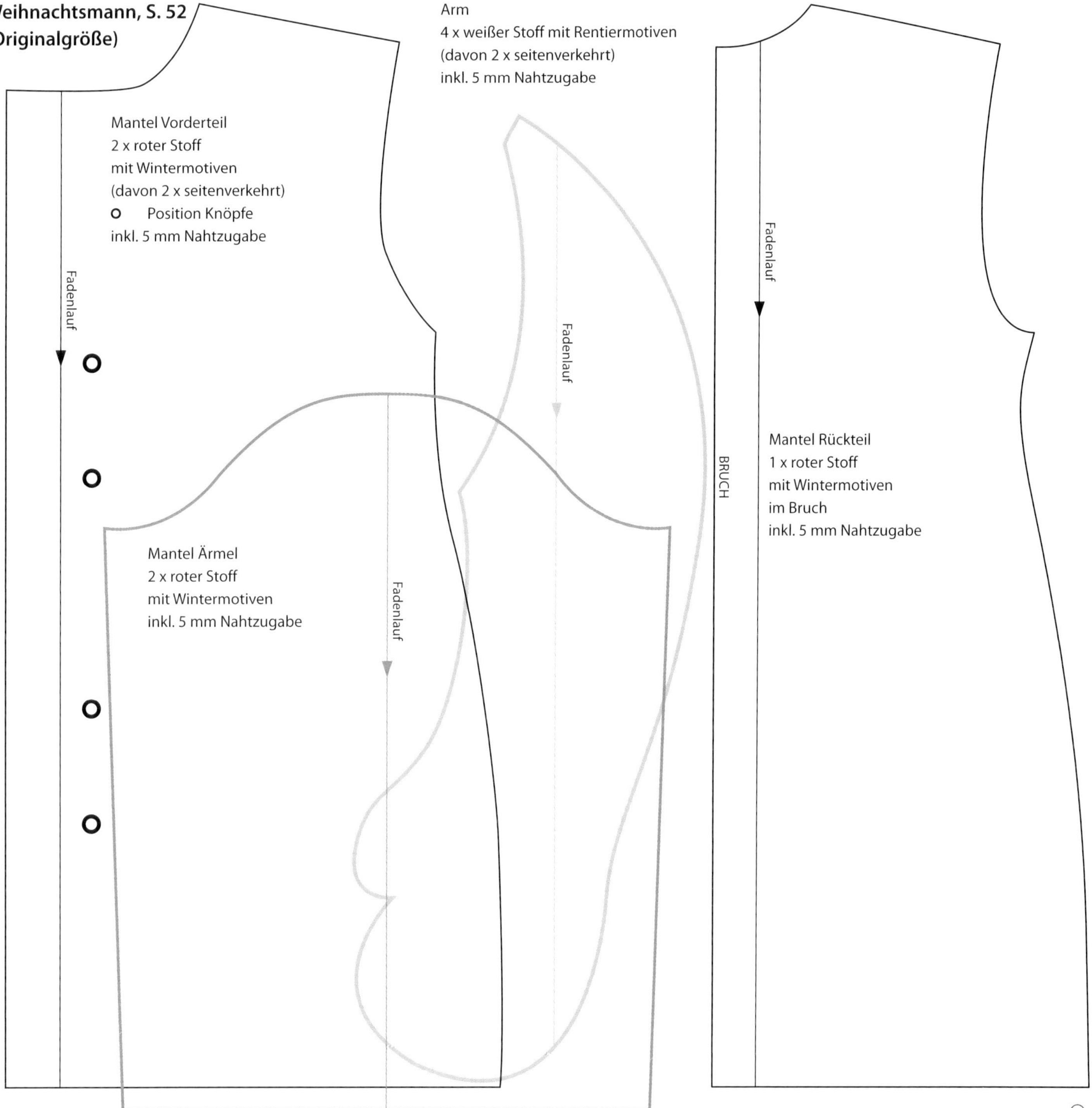

Weihnachtsmann, S. 52 (Originalgröße)

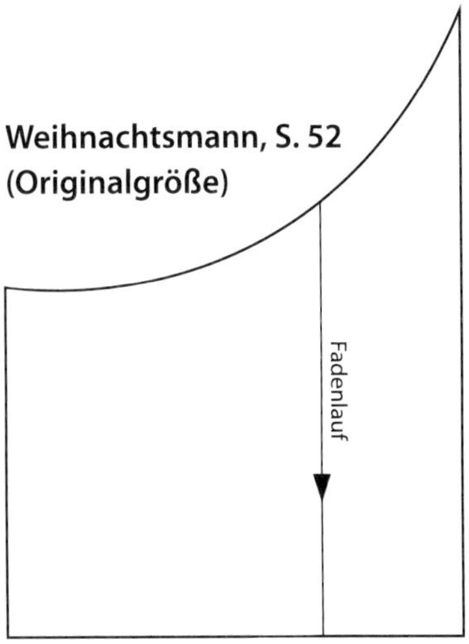

Bein
4 x weißer Stoff
mit Rentiermotiven
(davon 2 x seitenverkehrt)
inkl. 5 mm Nahtzugabe

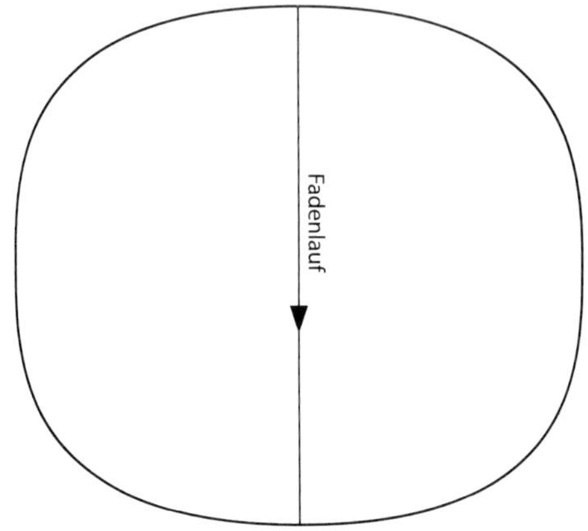

Sohle
2 x schwarzer Stoff
inkl. 5 mm Nahtzugabe

Süße Wichtelpantoffeln, S. 50 (auf 200 % vergrößern)

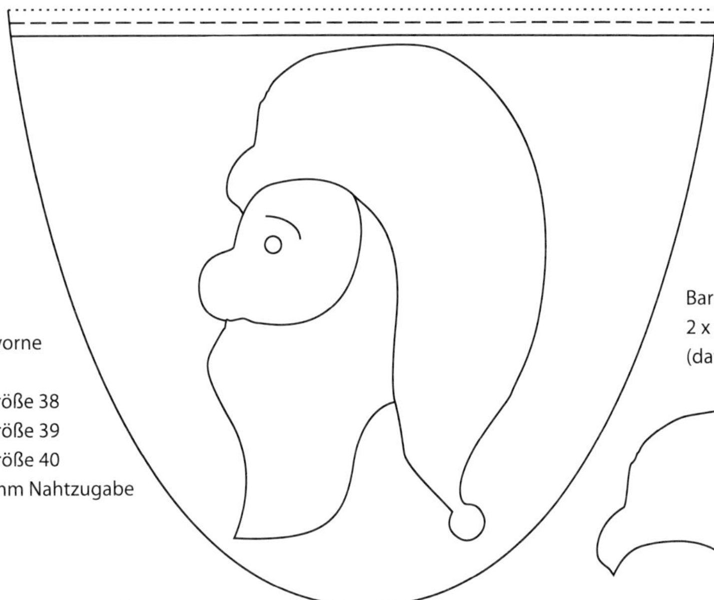

Schuh vorne
2 x Filz
—— Größe 38
– – Größe 39
····· Größe 40
inkl. 5 mm Nahtzugabe

Bommel
2 x weißer Stoff mit Sternen

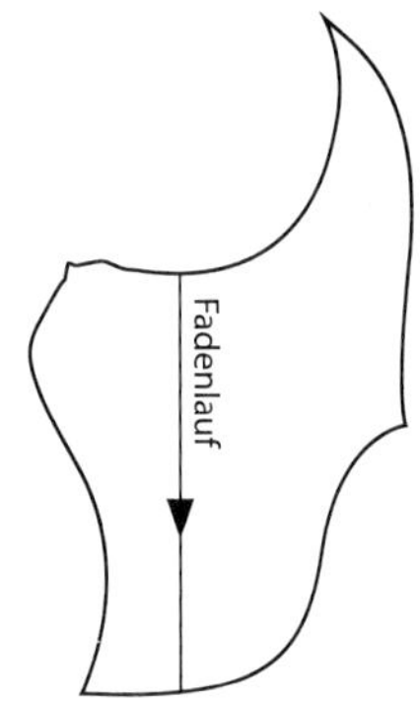

Bart
2 x weißer Stoff mit Sternen
(davon 1 x seitenverkehrt)

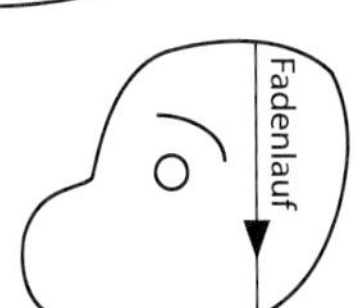

Gesicht
2 x rosafarbener Stoff mit Punkten
(davon 1 x seitenverkehrt)
○ Markierung Auge
⌒ Markierung Braue

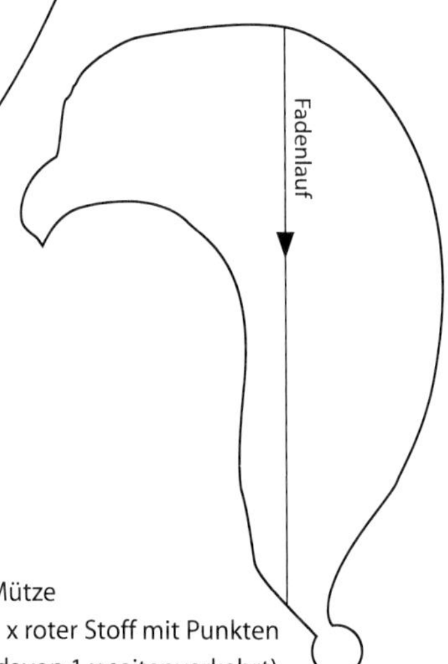

Mütze
2 x roter Stoff mit Punkten
(davon 1 x seitenverkehrt)

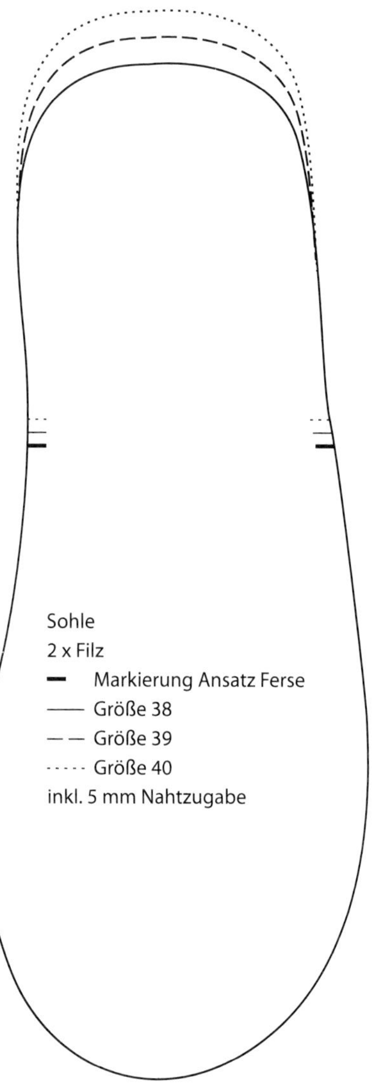

Sohle
2 x Filz
▬ Markierung Ansatz Ferse
—— Größe 38
– – Größe 39
····· Größe 40
inkl. 5 mm Nahtzugabe